教養夠好，就好

心理師爸爸的冒險、陪伴與信念

諮商心理師 **林仁廷** 著

推薦序

PART 1 生活，就是一種教育

PART 2 遇見困境，是生命中必要養分

PART 3 父母有自己的定位，教養更上手

推薦序
陪伴孩子，觀察孩子、引導孩子

兒子王者今年十九歲生日，選在此刻留下這篇文章，更顯得有意義，回想過去這二十年來的生活景象如電影畫面般飛逝，尤其是今年他出版了一本《如果終極目標是財務自由，不如一開始就學投資賺錢》的理財書。

忙碌的大學新生生活、桌球校隊活動，加上新書的宣傳期，幾乎每日行程滿檔，而新書發表會的演講表現，更是令人感到驚艷，首次3D模式認識兒子，因為我們也沒見過他這一面，沒想到孩子反饋父母的速度這麼快，就誠如心理師爸爸仁廷說的，「時間」就是最有趣的人生變項，孩子目前已經超出我所求所想，甚至凌駕父母。

因為王者表現優異，很多朋友都會問我怎麼教養孩子，其實我有時候會心虛，我只是照著我自己的想法來教，以我們夫妻的童年經驗加上在社會歷練的心得，這一套王者媽媽獨門教養術，是滿隨性的，卻在看完仁廷奶爸的書籍後，發現他以專業心理學的角度，所寫的教養孩子的方式，和我的理念，相似度高達百分之九十，那一刻我好像找到知音，滿開心的，因為我真的做到了「陪伴孩子、觀察孩子、引導孩子」。

我從小就會蹺課，從幼稚園開始，不可思議吧！被抓到後下場就是被打，因為我不喜歡大人用逼的方式，硬讓我去做我不喜歡的事情；我害怕學校陌生環境和一群不認識的同學，為什麼要把我關在那裡，加上父母可能也沒好好的溝通，或者是我聽不懂學校的課程，反正心情就是不理解為什麼大人都不懂我，心中有很多問號，所以我期許自己長大後，一定要做一個傾聽孩子聲音的媽媽，並支持孩子做想做的事情。

從孩子是嬰兒時，我每天幫他全身按摩，一邊按摩就一邊逗他開心，因為我很享受當媽媽的幸福感。每天花一個小時跟孩子聊聊天，瞭解他的心情，我覺得自己就像是個容器，接住他所有需求並滿足他。而且，我是一個很有耐心的媽媽喔，王者一歲多時喜歡在路邊看挖土機施工，我會在烈日下陪他觀賞一個小時，外出回家時他會堅持拿鑰匙開家裏大門，而我就站在旁邊等著他把門打開，結果他花了四十分鐘，享受那大大的成就感，那開心的表情我到現在還記得。

我從來不　小孩，因為口拙；我也不會打小孩，因為兒時被打記憶太深刻，所以我採行的方式是每天跟兒子聊天，讓母子關係非常好，只要親子感情好，請孩子做什麼他都OK，這樣媽媽也比較輕鬆。仁廷奶爸，利用全家洗澡的時候，透過孩子們的相互對話，很細心的瞭解他們在學校發生的事情，趁此進入孩子的世界，塑造良好親子關係，一個暖男好爸爸，實在是值得讚美。

這兩年，我滿著迷心理學，也買了不少書，一直在研究、瞭解，對於擔任家庭照顧者的角色，對待阿嬤、孩子和伴侶，有另一個不同的見解，我覺得台灣社會較偏注重身體的健康，而心理的部分較為忽視，有許多成人情緒卡在心裡，就好像電玩遊戲一直卡關，過不去就是過不去。所以，我覺得大人們能透過這本書《教養：夠好，就好》，以心理學的觀點去瞭解孩子的世界，全家如何互動、彼此相愛，讓美好的情緒在家人心中流動，我覺得那就是送給成長中孩子最好的禮物了，這是我的觀後感與您分享。

金曲獎金鐘獎主持人

推薦序

走向身為父親的自我覺察之路

最近，我那三歲的女兒，常會在蹲馬桶時，對著外面的我喊著：「把拔，我愛你！」面對女兒的深情告白，我肯定毫不猶豫地回應：「把拔也愛你！」

身為一位父親，我很自豪，我與我的孩子相當親暱。女兒喜歡黏著我，晚上一定要靠在我懷裡睡覺。和一般的家庭不太一樣，我太太倒比較像是第三者。當然，她也樂得輕鬆。

有天晚上睡前，女兒央求我講睡前故事：「把拔，說你小時候的故事好嗎？」我在腦海裡快速搜尋各種兒時回憶片段，突然間，我浮現了一個畫面。

大概在我小學低年級時，一個炎熱的下午，父親和我一同躺在房間的榻榻米上，對我說著「桃太郎」的故事，我聽得著迷，至今難忘。而現在，我也開始對孩子說故事了！

我思索著，我是如何受到父親的影響，而成為我這樣一個父親。

父親是個輪班技術員，有時白天班，有時值夜班，但他從來不應酬，也很少出差，生活單純，每天都會回家。這對我的影響是，結婚前，我南奔北跑，常在不同的城市過夜，有了孩子後，我堅持每天都要回家。這是我對家人、孩子承諾，我堅守這份信念，算是受我父親的影響吧！現在，我每天接送女兒上、放學，總會想起父親的身影，在寒冬夜晚，騎著機車來補習班接我下課，不忘為我多帶一件厚外套。

閱讀林仁廷心理師的新作《教養：夠好，就好》，好有共鳴！因為，我也是個非典型的父親，比較接近奶爸的角色，又因身為自由工作者，家務也多是我在處理。

仁廷在書中分享許多與孩子相處的故事，總會先連結自己的成長經驗，再帶入發展心理學的理論，最後分享具體的做法。我很喜歡這樣的鋪陳方式，身為家長，很需要覺察身為父母的自己，是如何受到過往成長經驗的影響。

我認為，本書最精采之處，是仁廷對「父性」與「父職」等概念的論述，這是坊間教養書中少有提及的。拜讀這個章節，能讓身為父親者，深刻自我反思——如何保有父性傳統中的美好特質，同時與孩子及家人有著親密的連結。

和本書作者一樣，我很慶幸，是個爸爸，也是個心理師。我的父親提供我身為人父的角色典範與信念，心理諮商的訓練又讓我不會陷入性別角色刻板印象中。我認為，我們都很需要從教養工作中，重新看見自己、找回自己；我很推薦父親們一起來閱讀這本書，一起走向身為父親的自我覺察之路。

諮商心理師、暢銷作家

推薦序
教你讓親子關係更親密

認識林仁廷心理師是從訪問他三本大作《何必管別人怎麼看，反正也沒人看》、《當亞斯人來到地球》、《挑對時機做自己，冷眼不冷心的處事智慧》；心理師是二寶爸，而我是新手媽媽，在訪談空檔就會請教有關育兒的經驗，及如何讀懂小小孩的心……。

《教養：夠好，就好》這本書呈現許多心理師爸爸與孩子的日常，就和你我一樣的酸甜苦辣，特別的是，情緒後，心理師爸爸會和孩子一起矯正事件過程，這會讓親子關係更親密。

我的原生家庭屬於權威式教育，而我也自然而然地用權威方式，希望孩子聽話，但書中說，權威可以，但要讓權威成為引導，而我也開始練習書中所述，給孩子自由空間，同時嚴守界線，慢慢地孩子會知道父母親的堅持及他們的順服，可以達到雙贏。

很喜歡書中談到「情緒照顧」章節，在家庭、工作兩頭忙的狀態，身心容易呈現緊繃，此時，如果能覺察到自己的情緒也需要被照顧，就能減少親子關係甚至夫妻關係的不睦，提醒自己需要緩衝了……。

強烈推薦這本書，希望此書能多多被購讀，「有快樂的媽媽才有快樂的孩子」，但請記得「夠好就好」！

漢聲廣播電台「寶貝萱言」節目主持人
黃萱

推薦序
夠好就好的心理師爸爸

先用六個字總結這本書，那就是：幽默、知性、深刻。林仁廷心理師為我們提供了一個全新的好爸爸楷模。說他是心理學界的林良，一個每個人都想擁有的父親一點也不為過。

女性讀者們可能不知道：當好媽媽難，當好爸爸，尤難！對多數人來說，父親形象一直以來都是遙遠且模糊的。傳統的父女關係之間或許還有許多溫馨時刻，但父子關係卻常常會因為陰影的投射，以及權力的競爭而產生許多衝突。在這樣的情況下，男孩子其實是沒有什麼機會擁有一個足夠好的父親楷模的。

我和作者一樣都是雙寶爸。不同的是，我兩個孩子都是男生。「崩潰」兩個字是我最常掛在嘴邊的話。我之所以一頭鑽進了「深度心理學」的研究領域，有相當大的原因就是為了想當一個「好」爸爸，但這談何容易？誠如作者所言，教養最缺的永遠是時間。容我補充一句：第二缺的就是典範。

能像林仁廷心理師這樣運用專業知識反躬自省，日日實踐的典範更是稀有，因此當我讀到這本書時簡直欲罷不能。什麼時候台灣竟然出現了這麼一本傑出的幼兒教養專書了？而且，是以一個爸爸的角度來書寫的。

如何利用父母的糗事來跟孩子談挫敗和面對，如何利用零用錢來練習花錢而非強迫存錢，以及對於非暴力管教的自省與思考，每一項在書中提到的觀點都是理論與實務充分結合下的產物。我一邊興致盎然地讀著本書，一邊畫線做筆記，同時回頭反省自己這幾年的育兒工作。深深佩服這位以長工自居的作者仁廷爸，竟能在他的日常中為我們凝聚出這麼動人又有趣的內容。

不知道怎麼當一個好爸爸的男性讀者有福了，不知道怎麼把老公教成好爸爸的女性讀者也有福了！但也請記住，陪伴孩子的過程就是自己再次經歷童年的過程。親職是一項不折不扣的辛苦工作，但也是一項能以長大的眼光，重新看待兒時回憶的罕有機會。

每次與孩子的互動都是和過往經驗中的自己的交戰，那是又一次成為更好的自己的練習。讀者不需要成為完美的爸爸，也不應該期待另一半是一個完美的爸爸。我們比較的對象是昨天的自己，是上一世代傳統但已顯得有些過時的父親形象。

如今我們擁有了一個像作者那樣的好爸爸典範，擁有了這一本體貼又趣味的好書，經營幸福家庭的路，你我已不再孤單。

愛智者書窩主持人、心理學作家
鐘穎

作者序
公主、王子、皇后，以及她們的長工

「爸爸，我今天在學校被老師說很棒，全班一起對我鼓掌。」兒子小學一年級時，某天他放學這麼說。

「喔，那肯定是做了什麼好事吧，說來聽聽怎麼了。」我問。

「老師上課的時候說，一個家庭裡面『媽媽』通常是做很多家事的那個人，非常辛苦，家人應該要互相分工。然後我就舉手了……」那顯然是堂性平教育的課

「喔，為什麼呢？」我繼續問。

「我跟老師說，是這樣嗎，我家都是爸爸做家事，媽媽在沙發上滑手機……」

我差點噴出茶，苦笑，兒子竟據實以告家裡日常。

「老師說，『○○爸爸真厲害！這就是我要說的主題，來，我們為○○鼓鼓

掌！』」兒子說。

「原來，那是我的功勞，為什麼會鼓掌給你聽啊？」我哈哈大笑。

「我也不知道為什麼會這樣啊？」兒子說。

我想，老師可能在教家務分工吧，卻遇上我家這個大反例。

催化奶爸的三個關鍵

我常戲稱自己是「長工」，家裡四人，我排名第四。長工不是浪得虛名，舉凡家事：洗衣曬衣、煮飯洗碗、洗廁所、洗床單、買衛生紙都是我，而修繕水電、修理小東西、傷口處理、打蚊子蟑螂的也是我，最後買玩具、安排旅遊、陪孩子玩及繳各項費用還是我。真是古有媽媽愛吃魚頭之說（流傳許久的一則故事，話說媽媽總是把魚肉留給孩子，孩子就理所當然認為媽媽愛吃魚頭），現有爸爸天天付清節之悲。

那我太太做什麼？檢查孩子功課、陪孩子上足球課及各式 LINE 群組的聯絡代表，剩下的還真是只有躺沙發玩手機（據她本人說法，因為電視被孩子霸占，不然可以多增一項看電視），反正動腦的她做，動手的我做。

難道，我就是天生奶爸嗎？

也不是，成長中有些關鍵影響我的親職選擇。最初是小學時，某天假日母親加班，父親竟然下廚煮咖哩飯，那時非常驚訝：「爸爸也可以（會）煮飯！？」聽起來很好笑，但又很重要，因為父母的言行舉止會傳遞孩子什麼能做什麼不能做，讓我知道沒有絕對的性別分工，這是關鍵一。

第二個關鍵是生活獨立。我是台南人，讀大學時獨自北上到校住宿，必須用有限的預算生活，衛生紙一次買一包，張數要精打細算，收集折價券及到暢貨中心買瑕疵品。轉到校外租房時，老舊公寓要裝冷氣，房東說找人來裝要錢，只好自己找水電行買中古機，再自行買電表接線。為了避免生活無聊，也不能只有省吃儉用，我開始種花植草養魚、煮咖啡、下廚、逛博物館、到唱片城聽各類音樂，騎自行車環河及自助旅遊，最後就習慣什麼都自己做，包括打理一個家。

最後一個關鍵是感情市場。現代男人不好當，不會洗手作羹湯，就沒理由邀來房（間），下廚煮菜可是約會的好理由呢，若被女性讚美廚藝，就會想繼續做下去，哪知婚後變成不歸路。

簡單來說，奶爸的形成是原生家庭的示範、不無聊的個人生活及行為受女性青睞所慢慢堆出來的。

身教永遠是我們給孩子最好的禮物

如果希望先生多參與家務，我會建議平日強勢的太太善用撒嬌語態，而平日弱勢的太太善用崇拜語態，像教養孩子一般，推先生以家事為榮，會潛移默化的。

又是心理師又是長工又是奶爸，現代爸爸「如何當父親」與兒女相處呢？

平時工作忙，我盡量一切從簡，信念維持「第一原則」——最重要的原則優先遵守。例如「保護孩子的身心健康」，先做好這個，其他的現實考量自會跟上並排出做事順序。

教養夠好就好，家長們也別忘了要照顧自己，身教永遠是我們給的最好禮物，父母開心孩子也會開心。

•圖：葉子

第一部

生活，
就是一種教育

1

面對「分離焦慮」

賦予心理護身符，孩子會更勇敢

兒子未滿三歲就得上幼兒園，沒辦法，雙薪家庭白天沒人可照顧。

兒子性格敏感膽小，「分離」對他是很大的焦慮。他在幼兒園上課的適應期很長，每天早上都是十八相送，必須哄他：「下班很快來接你。」鼓勵他：「你長大了，可以上學，好棒喔！」利誘他：「你乖乖上學，下課後買糖果給你！」但一點用也沒有，我一轉身他就哽咽啜泣，我不捨，留下繼續安慰。

結果那個月我上班連續遲到好幾天，被主管叫去約談。有時我真的心急又要遲到，也會生氣兇他，但不論好說歹說，只要我離開他就哭。幼兒園老師勸我讓他哭，說一般而言大概哭到九點多，他心情就會收拾好，順著課程跟同學互動忘記分離。是這樣沒錯，但當父母的還是心酸難受，畢竟送他來時才七點半而已，還要哭整整兩個小時啊。

一包面紙的重量

「學校好玩嗎？」下班接的時候他都很高興。

「好玩。」他說。

「明天再來上學好嗎？」我順著問。

「好。」他說。

但隔天早上還是一樣十八相送，我差點遲到。

今天如常他又哭，可是不能再遲到了，於是我轉身快走，背後馬上傳來啜泣與鼻涕聲。我嘆了口氣，雖然一切都是過程，還是希望趕快度過，不然他哭我也要哭了，因為要被公司列入黑名單了。

我拿出一包印有卡通圖案的面紙，先抽出一張幫他擤鼻涕，然後整包放他手上。「沒關係，害怕就害怕，哭就哭，等下哭完就用它擤擤鼻涕喔。爸爸去上班了。」我平靜地說，跟他再見，就不回頭了。

下班後接他，見到面時先抱抱，突然他從圍兜口袋拿出面紙還我。

「有沒有用啊？」我覺得張數沒有減少，他搖搖頭。

此時班老師剛好來，我順便問兒子的情況。「還好啊，也是哭一哭，上課後就跟大家玩成一片了。對了，那包面紙是你給的喔，他一整天都抓著它，好像寶貝一樣呢。」老師說。

兒子面對分離情境時，我給的面紙不再只是面紙，而是父親的象徵緊緊抓著，或許無意識中可以給予自己勇氣吧。孩子才三歲多，要一個小小孩面對如此大的分離恐懼，真令人心酸與不捨，他也很辛苦。換成大人程度，應該就是被放到外國生活一個月的感覺？

我摸摸兒子的頭說：「你真的很努力吶。」

我的童年：心理護身符，感覺還有人可以依靠

其實我和兒子差不多，小學一年級開學當天，母親帶我到教室坐好，在外面跟其他家長一起陪半小時後就去上班了。然後，我就開始哭。

問我哭什麼，當然是很可怕啊。小學離住家很遠，要搭公車三十分鐘，我也不記得路，大人離開了，誰知道會不會來接，小孩心裡沒把握啊。

當天上午一直哭，連我旁邊座位的女生都來安慰，哭到導師沒辦法，打電話叫母親過來。母親好言相勸，但離開後我又開始哭，又哭到導師沒辦法，我母親又來，總共三次吧，小學才上半天課，也差不多要回家了。

面對陌生情境時，所有人都會感到害怕，直到熟悉環境的模式運作才會比較自在，但從陌生到熟悉的過程，孩子應該要有人陪伴和帶領，像是嚮導在前方引路。長大一點後，抓到社會生活的要領，才會自己運作。這有點像是我們都教孩子「迷路時要找警察伯伯」，然而沒有實際帶他做過，真的迷路時孩子才不敢找呢。

每個人都有分離焦慮啊，對外在的無措會轉成「心理的徬徨」，不知道怎麼做決定，不知道有誰會支持，如果現實沒有人來，就會在心裡呼喚「我相信一定會照顧我、支持我的那個人來」，他在心裡陪伴，讓人振作面對。過去青春期時我覺得沒有大人能理解，心裡總會想著曾祖母——「好哇，等下我就要跑去她住的地方躲起來了」，心裡有個依賴的對象，才不會陷入無助裡。

那時也不是真的跑去找曾祖母，我依賴的是一個「象徵」，就是「心理的護身符」，告訴自己我還有個人可以依靠，雖然他此刻不在身邊。

心理學觀點：有安全依附的愛，啟動孩子自我成長

「分離焦慮」指的是當環境中沒有熟悉的大人，孩子會失去安全感，也失去探險的樂趣，他會急著先找父母，以維持那個安身也安心的感覺。「安心」會遠大於安身，否則即使環境安全也沒意義，這是人類獨有的心理發展歷程，也是親職教育裡談「依附關係（attachment）」的必要性。

依附關係的理論是，當嬰兒與母親平常有好的互動，給予立即回饋和規律的相處，讓孩子形成穩定的期待與回應，這些經驗內化後，建立起他與照顧者的「安全依附」，即使母親暫時離開現場，只留孩子與陌生人共室，他仍可穩定地探索新玩具，不會因為不安而慌張、鬧情緒，甚至被拋棄的受傷感。安全依附是指，即使外在的母親不在，「內在的母親」仍在，孩子有被愛的信心，所以能專心做眼前的事。

那要怎麼建立依附關係？一九五〇年後半，專做恆河猴實驗的心理學家哈洛（Harlow）統計幼猴行為繪成圖表，發表「肢體接觸」是影響感情和愛的重要因素，且完全凌駕吸奶的生理需求，後期更細部說明「與照顧者之間的接觸、動作、

遊玩」才是培養情感的關鍵。哈洛主張孩子有需要就毫不遲疑抱他，肢體接觸不會寵壞小孩，反會讓他們安心，這也影響當時孤兒院的養育方式，知道給棄嬰喝奶是不夠的，他們還要人擁抱、輕搖、注視，對他們笑。

如果現在還有人說孩子哭時不要去抱以免被操弄，或者說睡前擁抱道晚安是溺愛，都是不對的，安全感夠了，孩子才會內化出「自我肯定感」。

我曾聽過某個案講起童年，母親只帶她上幼兒園一次，隔天就強迫她自己出門、下樓，出社區大門搭娃娃車，全程自己上下學。女孩長大後情緒相當壓抑，不易信任他人，這便是童年被迫早熟的代價。「有奶不算是娘，有愛才是」，有安全依附的愛才能滿足孩子心理需求，啟動他自我成長。

每位孩子個性不同，獨立的時刻不同

即使有面紙，十八相送的日子還是持續，只是終於不再遲到。

如果白天對孩子是需要挑戰的陌生環境，那麼下課後，就增加親子時間吧。那時女兒未出生，下班接孩子後，我就繼續帶孩子去公園玩球，等待他媽媽下班再一起回家吃飯，晚上一起看電視、遊戲、陪睡。親子相處時間類似存款的概念，好讓他的心裡建立起依附，並靠著象徵應付陌生情境的害怕。

女兒個性不同，比較外向，加上哥哥當時已幼兒園大班，跟我再見反倒乾淨俐落，最後變成我自己有不被需要的分離焦慮。

上幼兒園時的分離焦慮在所難免，上小學也大概還要再面對一次，請多體諒孩子，這時期的他對「時間」沒什麼相對觀念，只要是害怕，即使只是半天，都感覺像是無限期。

幼兒園的老師如何說明時間也很重要，有些學校會以攜帶的「三個碗」表示，分別為早餐、午餐及點心，當三個碗都用過，就是回家時間了，這讓孩子具體感受時間的流逝，心裡會放心一些。

孩子該獨立時，父母要做的不是過度同情或否認孩子的怕，而是了解與接納他會哭哭啼啼、一點也不勇敢是很自然的事。每位孩子個性不同，加上年齡、性別發展也有差異，並沒有絕對怎麼最好的獨立訓練。請父母站在協助立場，增強內在的心理象徵，並教導他們實際作法，耐心等待屬於孩子啟動獨立的時刻。

可以這樣做

減低分離焦慮的方法

1. **事前先到新學校察看**：像是熟悉教室、路線、周遭環境，當場模擬上下課，做接送演練。也可先與老師打招呼，介紹認識。至少去一次，「熟悉度」能減低對未知的恐懼。

2. **攜帶有形的象徵物**：像是布偶娃娃、小被被、手帕等孩子生活中的好朋友，放入書包陪他一起上學。可先跟老師說一聲。

3. **加強無形的內在韌性**：仔細向孩子說明為什麼要這麼做，不否認孩子的害怕，同理後還是要完成，事後則要肯定、鼓勵。最重要的，分離時一定要「好好道再見」，不可偷跑，並承諾何時會接他。

2 遊戲很重要
父母最好能陪著孩子玩

明明玩同一種遊戲，有時候卻有不同結果。到底怎麼回事？我將舉出同樣事件的兩種狀況，來印證「人與人之間的連結」大於「物質的獲得」。

和朋友一起玩，等再久也無所謂

狀況一：

帶兩個孩子到購物廣場排隊玩寶可夢機台，幸運地很少人，總共花了四十分每人玩三回。結果呢？兩個孩子因為沒有抽到五星好卡，一直碎碎念，帶著臭臉不情願地回家，搞到大人也生氣，心想帶你們來玩還這樣招誰惹誰。

狀況二：

帶兩個孩子到購物廣場排隊玩寶可夢機台，巧遇孩子在足球社團的朋友，彼此吆喝排隊玩，但這次很多人都在等，花了七十分每人卻僅能玩上兩回，同樣也沒有抽到五星好卡。結果呢？整個過程孩子相當開心，一邊玩一邊打打鬧鬧，沒有好卡也沒關係，快樂回家。

結論，要跟好朋友一起玩才有意思，這是人性，小孩子更是如此，過程有分享就有快樂。

我的童年：沖天炮大戰，野得開心又自在

如果要回憶童年的快樂，我記得最多的也是「跟朋友一起玩的回憶」。國小放學後我會在老家旁巷子跟左鄰右舍小朋友一起玩，那是死巷，但長寬都很大，可以併排四輛車，一群孩子會在那裡玩紅綠燈、捉迷藏，拿羽毛球當棒球打還跑壘。

老家的那排房子最末端是座鐵工廠，空地堆滿很多鋼管跟一箱一箱不知是什麼的大型材料，工廠老闆的小兒子叫牛頭，身體又黑又壯，還跟他打過架，小朋友的恩怨很快就過去，後來還是玩在一起。中秋節的時候我們一群小鬼就擠在那基地玩沖天炮對射，點火後數兩秒再用手拋射，跟現在的漆彈射擊一樣刺激。可惜

的是，隨著時代轉變和空地變少，就很少聽說孩子可以這麼「野」了。玩耍需要運用身體，所以「身體活動」是多麼被需要的一件事，《多啦A夢》的作者藤子不二雄在他早期的科幻短篇裡提到：「孩子有在草原上赤腳奔跑的權力。」只是現代社會存有許多障礙讓這最基礎的自由活動難以成行，我們擔心孩子跌倒受傷、綠地不足、環境毒素，同時又有成績至上、電視電玩誘惑，以及精神疾病的過度診斷。

在華人文化裡總是強調「跟別人比較、不要差太多，不要輸在起跑點」，但孩子的童年不該被限制和比較，因此家長的立場與堅持很重要，儘管帶他們去玩吧。

心理學觀點：兒童透過玩耍體驗情緒感受、內化價值判斷

現代兒童教養注重心理發展，然而兒童無法只靠「我愛你」的語言就能明白什麼是愛，他需要「被擁抱」，靠身體接觸才「體會到」被愛的感受。「身體」對兒童是很重要的一個接受器，他們的學習以「體驗」為主，要眼見為憑、要摸了才知道、要吃了才明白，主要的學習途徑是「動手操作的知識」，而不是邏輯上的知曉。那些被稱為早熟的孩子並不是真懂抽象概念，而是精熟模仿與背誦罷了。

「兒童」指的是十二歲以下的孩子。兒童長得很快，身體成長與大腦發展一年就飛躍性成長。但必須到了國中，身體構造才真正成熟，大腦功能才真正完備，青春期發展則轉向同儕關係及異性追求。針對不同的發展重點，家長在兒童期要預備的，不是贏在起跑點上，而是隨著兒童身心發展的腳步作適性教育，生理基礎打穩了，心理也會有自信及安全感，兩者相輔相成以面對生活裡各種挑戰。

那麼，怎樣讓身體這個受器盡情發展、發揮功能呢？好簡單，讓孩子去「野」吧！去「玩耍」吧！而成人只需像小說《麥田捕手》主角在最後所做的：看著孩子玩耍，自己守在安全界線上即可。

心理學認為兒童是藉由玩耍發展獨立、探險、創造、使用工具及學習負責，而成人的責任是教育，幫助兒童將身體活動所體會的經驗，用語言詞彙幫他表達出來，讓外在體驗慢慢「內化」成心理概念，如情緒感受、價值判斷等。小學教育所強調的五育並進：德、智、體、群、美就有這樣的用意。智能只是身體活動的其中一項，這階段實在不需贏在成績上，而才藝班最好也用於引發孩子學習興趣就好，不要事事追求第一。

父母是孩子最初、最好的玩伴

心理學對兒童還有一套「遊戲治療理論」，遊戲是孩子「表達自我」的自然方式，等於成年人透過「說話」來表達一樣。從小朋友參與遊戲時的動作、態度、人際互動，來理解他們的感受與困難，如恐懼、焦慮、生氣、孤單、覺得失敗和自責等等，也能透過遊戲傳遞給孩子善意與安全感，增加他對自己行為和情緒的認識，加強面對困難時的信心和能力，從而達到治療效果。

在孩子還沒有朋友時，父母是最初也是最好的遊戲玩伴。泰國電信廣告裡一位店員說得好，他不賣平板電腦給十二歲以下兒童，他甚至告訴孩子的父母：「多陪孩子玩，在他變得太冷漠之前。」孩子的童年需要父母與遊戲，但更好的是父母陪著他一起遊戲，像我們家會一起組模型，最近則是一起用寶可夢卡對戰。

很多教養書強調父母要多陪孩子，但我發現父母與孩子互動最大的困境是時間不夠、體力不足。上班很累沒體力、工作很忙易煩躁，下班便沒時間和耐心陪伴，只好用讓孩子乖乖聽話、不要吵就好的管教：有些以 3C 產品當孩子的保母，有些以為體罰快速有效，結果傷了孩子的心。

預先規劃每日的親子時間

孩子需要陪伴，大人需要休息，這兩難如何解決？我的建議是預先做「時間規劃」。時間規劃不是用少少的時間作多多的事來累死自己，而是「有效率地做想做的事」，也就是有效率地與孩子相處。

1. **在家時，把親子時間和工作時間區分出來：**親子時間可以利用每日例行的陪讀功課、洗澡、晚餐及睡前，也可以特地安排像是晚餐後的散步、運動或採購家用。如果是靜態的，我會與孩子一起看卡通、電玩、組模型、分享漫畫、一起玩家家酒、寶可夢牌卡和下棋（要偶爾讓，不能全贏）。

   在親子時間裡，就只是孩子的爸爸或媽媽，不去想其他身分的事。輪到工作時間時，明白告訴孩子你正在工作，需要時間處理家事和公司的事，給孩子一個明確的等待期，如幾點的時候再一起玩，設好鬧鈴，他們就比較等得下去。

2. **親子時間裡，要專注跟孩子一起玩：**在親子時間裡，專注陪伴孩子接觸、動作及遊玩，「陪伴」是：問學校的事、聽他說話；與他一起遊戲、運動；與他一起作一件事。越小的孩子越不會表達，「專注」能讓我們從孩子行為裡看見他的身體訊息，如生理健康、心理壓力、情緒反應……，專注跟孩子玩遊戲，也可以了解他的想法與學習程度，若孩子鬧脾氣，也能較快設身處地同理，抓住他的情緒點與困難。

孩子會不會要求更多親子時間？玩得開心當然會，這也是很自然的要求，父母可以好好討論及解釋，告訴他時間總有限制，從中「學習接受一個結束」。

可以這樣做

只需要紙筆的口袋遊戲

遊戲能大幅增進親子關係的質與量，不妨準備些小遊戲隨時隨地就能玩，例如陪孩子候診時、坐長途車時、在餐廳等餐時就能玩，否則孩子最怕無聊，就開始作亂了。我有幾個只要紙筆就能玩的口袋遊戲，與大家分享：

1. **「幾何圖形」的自由聯想塗鴉**：例如「圓形」，先在紙上一口氣畫出九個圓形，然後讓孩子回憶與聯想，生活中有什麼跟圓形有關，把它畫出來。舉例：太陽、花、蘋果、足球、人臉、時鐘、豬的正面圖、樹的年輪、單輪車……，激發創意開心玩。

2. **終極密碼**：猜數字的遊戲，兩人或兩人以上皆可。先選定一至九十九其中一個數字寫下，然後讓對方去猜。若選定密碼為三十七，當對方猜六十，需喊出區間一至五十九。逐步縮小範圍，對方根據範圍繼續猜下去，區間會越來越小，直到猜中為止。用最少次數猜中的人獲勝。

3. **生活經驗接龍**：跟文字接龍一樣，從最尾字接一個新詞，語意與語音都能切換，如「大象」↓「橡皮糖」↓「堂哥」……做生活經驗、名詞及聯想的延伸。

3 親子專屬親密時間

睡前故事

陪三歲女兒睡覺，她喝完牛奶、聽完故事還是沒睡意，一直說話，她說要講一個秘密。我的好奇心也被她挑動起來，且聽我們的睡前妖怪故事。

睡前妖怪故事

睡覺前應該不能再聊的，於是我不高興地要她講快點。

她說：「爸爸，你的後面有一隻妖怪喔。」

「那長什麼樣子呢？」她應該是學電視的，最近都在看妖怪卡通。

她描述了妖怪的外型，但我很想睡沒仔細聽，就問：「那……被那隻妖怪附身會怎樣呢？」通常卡通裡主角會突然做奇怪的事，後來發現都是被妖怪附身，突然跳肚皮舞、突然熱血過頭、突然亂放屁……等。

「愛生氣啊！爸爸你最愛生氣了。」她嗤嗤笑著。

「……」不睡覺還揶揄我，好個小鬼。

「那妳背後也有一隻妖怪……」我說。

「是什麼？」她很好奇。

「一個大頭、馬尾巴，小小的身體……」我邊說邊摸她頭、馬尾巴及身體。「它叫做『長舌妖』，一天到晚講話講不停。」

她很聰明，「我就是長舌妖。」然後笑起來。對啦，這下可好，到底什麼時候她才要睡覺。

我的童年：睡前說故事，傳承自爺爺

小學時期，每週末我們兄妹三人都會到爺爺家過夜。在爺爺家很自由，看電視、吃零食、很晚睡……然後睡覺前爺爺會說故事，讓我們興奮雀躍的小身體平靜下來，只用耳朵聽。

爺爺說故事都自己編，多是冒險、神奇、未曾聽說的故事，例如「那個晚上，從我們的窗外突然來了一輛飛天馬車……」劇情是連續的，而我們兄妹三人也被放進去故事裡，化身成小飛俠、小叮噹跟小甜甜，「他們三人跟著邀請上車了……」小孩子聽一聽、笑一笑，表面上很清醒，但身體早已放鬆，僅剩聽覺還在撐，有時故事沒聽完就睡著了，連晚安都不用說。

我成為父親時，白天工作忙，回家後又要忙著照顧兩個幼兒園小孩，管吃飯、洗澡、刷圍兜，他們則要看電視、玩玩具及吃點心。晚上六點接回家，小朋友又早睡，所有家事得在八點半前完成，然後陪同就寢，別小看這些瑣事，根本天天打仗。當父親的還要扮黑臉，負責管教、吼叫跟趕進去睡覺，這樣艱辛還要被女兒說愛生氣，你說難當不難當。

趕進去睡覺，孩子躺在床上就會睡嗎？不會，身體頻頻打呵欠，他們卻拚命抵抗睡意，跟你說：「那只是嘴巴自己張很大而已，我沒有想睡……」，他的頭腦才不管身體訊號如何，就是想跟世界多玩一會。

我後來也發現這道理，好吧，那就跟孩子再玩一會，放下所有管教壓力，睡前說個故事，讓他們注意力留在聽覺，繞過頭腦警戒，悄悄讓身體放鬆。睡前聽故事，就好像精神面僅留一盞夜燈，當故事說完也就倏地熄滅，睡著了。花點時間講故事，孩子比較快睡著，這心理策略很不錯，還能展現父親溫柔的一面。

心理學觀點：兒童愛聽故事，引導心靈

講故事，並不是應付時間或娛樂消遣，反而是重要的人文溝通管道，不像數學是嚴謹邏輯與生冷抽象的物理世界，而且數學不會就是不會，但是說故事、聽故事天生就會。

近代心理學有一學派就談到故事的重要性，稱為「敘事治療（Narrative Therapy）」，認為生活故事反映了人們的心理狀態與變化，人格與自我也是在敘說中建立起來的。未發展的孩子更是需要故事引導，蘇珊．恩傑（Susan Engel）在《孩子說的故事：了解童年的敘事》一書裡就說：「我們所說的故事，和我們所聽到的故事，會決定我們是什麼樣的人。」說故事時彼此交流，透過故事告訴別人自己的內心感受，也傾聽故事裡他人的內心感受。

帶孩子看繪本（Picture Book，也是故事型態），整本書以圖畫連貫成完整故事，即使沒有文字說明也可以看圖猜故事。這是因為孩子語言能力有限，繪本能幫助他們透過視覺想像生活體驗，學習「迷路了怎麼辦？」，以故事模擬情境、安撫

情緒，最後解決問題，引導孩子思考，讓他說出：「我可以到便利商店找大人幫忙……」，建立「我也可以做到」的自我形象。

我很少讓孩子睡前看繪本，通常只留小燈直接講故事，這樣孩子才容易睡著啊。故事只能用說的，不像繪本有畫面，因此聲音及故事元件都要更吸引孩子才行。

我仿效爺爺，故事有時會先背好，有時則改編、代入孩子熟悉的卡通人物（要偶爾陪孩子看，才會懂卡通人物的個性），使用日常生活會遇到的物品，劇情主題清楚簡單，輔以比手劃腳。我也會把孩子放進故事裡，前半段會以他們原有個性作反應，後半段則期許他們去做些什麼，有驚無險、寓教於樂，結局不一定圓滿但都算成功，最後以「他們都累了，很開心地去睡覺了。」名正言順作結，請入夢鄉。

換孩子說，父母傾聽

孩子在幼兒園時，他的生活及一舉一動父母都知道，他能講的東西不多，所以睡前講故事，是給他不同的生活想像。

但孩子上小學後又不一樣了，他過的生活可豐富了，主動搞些有的沒的，在學校同學激盪下玩的更瘋。睡前說故事就要很高等級才行，我在小學中高年級時，平日睡前就已經改聽陶大偉與孫越錄製的「金銀島」廣播劇，長度四十分，每晚重複聽，聽到想睡才睡。

因此孩子小學後不妨睡前改為親子專屬的親密時間，換他們發表想法與意見。要了解孩子，就要聽他們說話，從對生活的敘事裡知道他們心裡的想法和情緒。孩子在表達時，多會說自己正在做的事，就好像一邊是運動員，一邊又是實況播報員這樣，多是描述性的，如：「學校下課時我跟同學玩，被老師說不要在走廊奔跑。」

孩子大一些後，則會說出對故事的意義和觀點，帶有主觀的解釋，像是對老師的觀點會比他所做的事更重要，如：「可是老師很奇怪，還有別人也在跑啊，只會抓我們，不公平！」

孩子本來就喜歡說話、說故事，他們靠「身體」體驗事物資訊與人際關係，但靠「說」來整理經驗和內化概念，也與聽他說的人更親近。

所以就算孩子到小學中、高年級，我還是會陪孩子一起睡，在夜燈裡說說話，小聊一下、給予回應和肯定，預告明天要做什麼。排出一個專屬的親子時間吧，大人也比較能靜下心，專注地關懷孩子。

可以這樣做

睡前說故事的方法

睡前說故事多用於幼兒園及小學低年級時，提供一下我自己的作法：

1. **使用孩子可理解的譬喻**：直接讀繪本的好處是讓小朋友認識新字詞，如果是關燈說故事，就要先把故事背起來，以語言描繪繪本場景，像說書一樣話很多。形容場景時要用孩子日常所見的場景來比喻，例如「嘉年華會就像更大型的園遊會那樣」。
2. **故事意涵簡短**：自創故事時，故事細節及啟示不要太多，一次講一件事就好，例如只傳達「刷牙很重要」，就重複繞著此主題講。太複雜或精采的故事會變的很枯燥或很興奮，反而睡不著。整體長度控制在十分鐘上下，越練習會越上手。
3. **透過故事引導思考**：可以偷偷在故事裡讓主角遇見孩子現實上的相同困境（如吵架後怎麼道歉），順序是模擬情境、安撫情緒，最後解決問題，並在故事尾端提供實際的解決方法：道歉的程序、說詞、怎麼做，以此潛移默化。

4 行為習慣的養成
好寶寶貼紙是行為養成手段

孩子讀幼兒園時期，有幾個月我們都過著數點數的生活。

我把半開海報紙橫貼在牆壁上，中間畫一條線，左邊歸哥哥，右邊屬妹妹。孩子每天得到的點數都貼在上面，宛如一張榮譽榜。

點數十點就可以換獎品，而獎品自選，我會帶兩個孩子到巷口便利商店自行挑選價格內的東西。若他們想要越高價位的，就從十點的倍數往上累加再換。

集點榮譽榜是一種獎勵，也營造出親子話題

集十點換獎品很難嗎？一點也不會，每天可集到四～五點，而且其中三點是「自我評量」，晚餐後跟爸爸報告在幼兒園的情況，今天做了什麼事、跟同學如何相處，最後覺得自己可以拿幾點。我完全信任孩子的說法，不查證。較大的違規如爭吵打架才沒有點數，如果是一時疏忽像打翻東西或忘記帶教材，那在園裡也會付出相對代價，不影響集點。

剩下的兩點看在家表現，如晚餐專心吃、洗澡自動自發、準時去睡覺或幫忙家事。這些事不難做，我跟孩子強調，得不得點是「態度」決定，「自己主動去做」就有點數，要爸爸催促就沒有，而且就算沒點數，該做的生活常規還是要做。

每天點數有上限，以免為了點數斤斤計較本末倒置，好的表現除了點數，還有口頭肯定，因為點數系統真正目的是內化孩子的自信。

用點數系統教育孩子，不僅是獎勵而已，親子之間也有共同討論的目標與話題。海報貼在牆上，看著滿滿的貼紙海，跟著孩子數到底有幾點（哥哥累積超過一百點），正向讚美他們，大家都很開心啊。

我的童年：收集是把努力的過程「視覺化」

我的童年喜歡收集，有錢就收集小玩具，沒錢就收集瓶蓋或貼紙，看一看會覺得自己擁有很多，成就滿滿。「點數系統」也是類似應用，包括「貼紙」、「蓋章」、

「集點」，對小孩很有用，對大人更有用。

成年後我繼續參與點數活動，像是集點換贈品、收集優惠卷、參加抽獎活動，因為是大公司辦的，中了獎也真的會寄來，有一陣子就蠻瘋狂，四處收集瓶蓋，每兩個裝一信封寄去抽獎，自己錢不夠買，還跑去大樓回收區撿。

人們對於刻意、努力收集來的小東西，會視為一種成就，越多越好，然後會再為這些點數繼續拚命。很多廠商會用特定禮品作為吸引，好讓人們瘋狂集點，以為自己「賺到了什麼」。

並沒有，其實跟直接買差不了多少，這是行銷心理學的應用，抽獎跟賭博一樣，心理學稱「不定期酬賞」，投入的與得到的並不成比例，有機會得到小獎，以及極低的機會得超大獎，最終是廠商賺到了人們購買的風潮。酬賞的心理動力，除了一夕致富的妄想外，也跟生活無趣找事做有關。

「蒐集點數」的心理機制，就是把「努力的過程視覺化」，自己的努力看得見，多有實質感啊。

心理學觀點：設計一套制度，協助孩子養成好習慣

心理學家史金納（Skinner）做了許多動物行為實驗，他得出結論：「行為是學來的」，是受外在環境影響而產生「因果的應對」，久之再變成「習慣」，因此反過來也可以透過改善環境來學習新行為。像是經過訓練後，原本不知道「按鈕」是什麼東西的鴿子、老鼠，也學會肚子餓就去按鈕，讓食物從實驗箱洞口跑出來。

史金納的行為塑造被廣泛應用於教學、管理及社會規劃上，尤其是對孩子的學習，與其對孩子說「把書讀好，將來才有出息」這種抽象又太未來的話，不如簡單點，設計一個有穩定輸入輸出的系統，指令清楚、規則明確，讓孩子只要照著做，就能如期得到當初講好的成果和收穫。

行為塑造的設計與學習型態，稱為「操作制約」，方法有正增強（獎勵）、負增強（嫌惡）、消弱（不理會）、懲罰（剝奪權利）等，讓孩子面對行為後果時，知道因果關係，繼而調整日常表現。

行為塑造並非要「操作他人」，它的信念是：每個人都受社會文化的制約，像很多人「看電視」學習「社會應對」，以為八點檔演的就是真理，結果被制約，情緒反應常常很激動。因此史金納認為，與其糊裡糊塗地被制約，不如看清本質，

自己設計自己想要的生活，並依此訓練自己達成目標，如減肥計畫和執行。

回到孩子教養上，與其讓孩子自己摸索、拼湊和猜測什麼行為才是對的，不如父母主動些，設計一套制度，協助孩子養成好的習慣。

孩子愛遵守規則，獎勵成為好誘因

親職諮商時，我很常介紹父母使用點數制度，但很多人不可置否，說：「沒什麼用耶，我之前做過，小孩還是不聽，也沒照做。」我好奇細問家長執行情形，發現他們以為的點數制度是簡單的「月考一百分就得一百元」那樣，平時給點數也不穩定，父母高興時就點數三倍送，氣到抓狂時又通通歸零。

孩子是愛遵守規則的，因為他要的鼓勵並非僅有物質，內心裡要的更是父母的讚賞，然而前提是規則穩定，遵守後有得到他想要的。

點數系統要穩定：規則必須明確、孩子要能做得到、不隨意更改規則。建立系統時，不會一次到位，實際執行後可做滾動式修正，讓孩子有樂趣，越玩越好玩。

因此規則必須要詳細，越簡單的說法卻不考慮孩子個別差異及複雜情境，孩子就會以大人不贊同的方法達標，如月考作弊滿分算不算？若大人說不算，孩子則會反駁你「當初沒有說」。

可以這樣做

點數系統的設立原則

以下是點數系統的詳細作法，越詳盡越有效，請不厭其煩地看下去：

1. **基本需求不能少，獎勵就像是「獎金」**：請把孩子視為「業務員」，有基本該做的事情和底薪，但如果做得更好就有「獎金、獎賞、獎品」，孩子能得到「不一定需要但是想要」的東西。
2. **明確的說法—「量」**：希望孩子做的行為要有明確的指標，要有「量」—數字的概念，例如「多少時間完成功課」。這邊要留意「完成功課」是基本要求，沒有點數，但是「多少時間內寫完」或「主動於幾點前完成」就是獲點發揮之處。時間就是量，並依孩子個別差異來定標準，重點是讓孩子有「成就感」，故起初標準要低，熟練後再提高，孩子才會願意「建立新習慣」。
3. **操作要領**：

（1）「過程」和「結果」都給獎勵：把過程跟結果分成兩種標準，計算兩類積分：「努力分數」——以過程為主，有努力就算，例如在幾點前寫完功課。「結果分數」——以成績表現為主，例如考卷分數、平時小考、安親班評量及月考成績。兩類分數一起積點，讓孩子有參加獎，不致作白工，才有繼續的動力。

（2）目標要合理、漸進：重點是讓孩子「做得到、拿得到」，請先縮短集點過程，讓他在幾天或一週內就能達到目標。一個人要願意嘗試新方法，總是要先嚐到甜頭的不是嗎。

（3）沒有扣點：讓獎勵單純一點，讓孩子只要努力向前衝，拿多拿少的不斷積點，錯了再修正就好，不用扣點，否則為了避免犯錯而膽顫心驚，很難一心二用。

（4）從旁協助：獎勵主要是提供「動機」，然有的孩子是「想做，卻不會做」，此時父母就該主動協助。例如寫功課這件事，主動提供作法（告訴他休息一下再寫效率較好、使用計時器分段進行）、教學（不懂的部分換個方式再學）、加油打氣（先吃點心再說）。要當孩子的神隊友協助完成目標，而不是自己下去當魔王卡關。

（5）執行者的堅持：最後認真地說，獎勵制度的成敗，主要是「執行者自己堅定與否」。執行者要說到做到，不可隨心情大放送或大處罰，可以同理孩子急著想要獎勵的心情、但一定要「照說好的來做」，然後告知孩子我們一起努力。不要讓規則出現破洞，否則這套制度就毀了。

規則設立不是在抓錯，而是建立孩子自信，發展新的行為。獎勵只是誘餌，學習規則時孩子需要常被讚美：「你果然做得到」、「沒想到你做得真好」、「你完成功課的方式很有效率喔」、「一直練習，果然等級上升了喔」……，隱形的正向回饋會深入人心，即使之後制度停辦，孩子也已內化了這股力量。

5 戶外生活課 帶著孩子一起去旅行

「到底到了沒？還有多久？」女兒問。

「嗯，等下還有兩站，出站後我們先找餐廳吃飯，之後再走五分鐘就到了。」

放假時我們全家到日本大阪五天四夜自助行，孩子很興奮，因為不用去學校和安親班，也很喜歡推著行李走。下個行程點是天王寺動物園。

到了動物園，地圖一拿，女兒的腳全不痠了，跟哥哥一路跑起來，按圖索驥找動物，很開心。另一次出國則是帶孩子去香港迪士尼樂園，見識一下大樂園長什麼樣子。

家庭自助旅行讓父母子女重新認識彼此

家庭自助旅行是一場有規劃的大探險，途中避免不了交通轉乘及步行，也能認識孩子與父母在旅行中彼此的界線與極限是什麼。

那幾次出國女兒還在幼兒園，帶學齡前的小小孩出國很不同，購物與美食孩子不在乎，而他們喜歡玩的大人通常覺得無聊，兩者落差該如何安排，需花時間研究與串連。例如景點之間的距離不要太遠，動態與靜態活動輪流穿插，隨身準備小點心與糖果以安撫，最後最重要的，出發前每晚說說那個異國的故事，先準備好他們對旅行的想像與期待。

「到底到了沒？還有多久？」女兒問。一副腳快要斷掉的感覺，我們只是從捷運站走回飯店，誰叫她要把腳力全部消耗在動物園，走不動了再唉唉叫。當父親的只好背著她走回去，很重耶，結果又換哥哥唉唉叫：「為什麼她就可以背？」還要裁決兄妹的爭執。

旅遊時女兒是觀光最佳代言人，去任何景點都要買紀念品或玩具，回飯店後就在床鋪玩起戰利品，兒子則是日本卡通看不停（明明語言不通），兩人都是大少爺。等全部人都睡了之後，我還要挑燈夜讀調整明天行程，根本是不支薪的領隊。

儘管累得半死，出國前後的操勞都是我最美好回憶，不過待孩子都上小學後就要改變策略了，要讓他們一起分工，有些點是爸爸要去的，得換他們配合，沒有再這麼舒服的了。

我的童年：跟著大人生活，就是學習

我所處的聯考時代，童年是在準備考試中度過，讀書以外選擇不多，也不懂旅遊，人生第一次出國是二十七歲時代表公司去美國開會，強迫自助旅行。雖然嚇得半死，但也開啟我很多學習，「旅遊」是到一個沒有人認識你的異地，開展各種新能力。

我的另一個興趣是生物學，這個起源是上幼兒園前跟曾祖母住在高雄旗山區，每天早晨都跟曾祖母及左鄰右舍的阿伯阿桑登山運動，久而久之對山裡昆蟲鳥獸感到興趣。之後跟著家人、學校有好幾次露營經驗，更喜歡了在山裡過夜，我最享受躺在星空下，視野無邊無際，感受空氣濕度、蟲鳴鳥叫、遠方水聲，覺得自己跟大地融為一體而心安，一點也不害怕黑夜。

我也想讓孩子體驗這些感覺，而不是沉浸在室內的電子產品。探索世界很重要，就算有些風險，但遠遠不及眾多新奇的發現。我認為不必過分要求孩子讀好書，一旦能從生活中領悟，發現有其應對、實用性、找到樂趣，孩子自己就會重拾書本，主動使用所學的知識。

做青少年輔導時發現，有些家庭會避開風險，但被動的態度會影響孩子自信，覺得自己不能做什麼，或做了也會失敗。此時我會徵求機構同意，帶孩子走出諮商室以生活教育，從最簡單的逛便利商店、搭捷運，到圖書館借書、買合身衣服和動物園自助遊，讓孩子在大人帶領下與環境互動，繼而發現自己原來可以做那麼多事，能控制與決定什麼，才能真確提升他的自信。

心理學觀點：到戶外培養與人交流、與環境互動

若要在環境裡悠遊自得，必須培養兩項重要能力：「如何與人互動」、「如何與環境互動」。

「與人互動的能力」，像是「社交」，在心理學上是來自「鏡像神經元（mirrorneuronsystem）」的自動模仿。此神經系統會自動觀察他人，像是一面

鏡子映照出對方行為，也同步在大腦引發跟對方相同的感覺、反應。例如：看對方頻頻拭淚，自己也快要哭了，心裡體會對方的傷心程度，突然懂了該說哪些較為貼切的安慰話。

人們的行動決策，多數與社交互動相關，藉由察言觀色、理解他人表情與行動意圖，先同理對方感受，再決定下一步怎麼做。鏡像神經元是自我覺察和覺察他人的支援工具，幫助人們推論動機、發揮同理心、學習和模仿。

「與環境互動的能力」，這是指人們怎麼去使用環境特性。例如：在深山裡生存一個禮拜，我們會先找到水源，再從水源去聯想相關的功能，如清潔、飲用水、煮飯，並有所行動。如果發現一塊手掌大小的石頭，會覺得它適合拿來敲擊、輾壓樹果，也適合拿來投擲；而另外一塊體積較大、表面平坦的岩石，會覺得適合坐在它上面，或拿來作為砧板，這些因一個物體而自然聯想出所有行為的可能性，就是該物體預示的功能，簡稱「功能預示性（affordance）」。

理解環境中所有物件所提供的行動可能，使用它作為工具，功能預示性的能力越高，個人越能利用四周想出各種辦法來，就像挑戰獨自戶外生活的綜藝節目那樣。

帶孩子家庭自助旅行，不僅是去玩，其實也是想讓孩子學習與人、與環境互動的能力，和孩子一起完成任務，事前準備、學習分工、問題解決，讓生活變有趣，悠遊自得。

孩子發展需要大人安排

發展生活能力並非那麼自然，尤其現代都是人工環境，電玩取代了戶外學習，孩子在防疫警戒期間都關在家，致使電子產品、桌遊、各式玩具都削減了他們「出去玩」的念頭。這很不好，不動就越不想動，越沒有機會得到樂趣，要突破此限制，就要創造「到外面去的機會」，讓孩子有所體驗，得到大人的肯定，繼而累積與人互動、與環境互動的應用能力。

活動方面我讓孩子參加了足球訓練，每週三、五練踢一．五小時，每週六上下午各練二小時，若與安親班上課時間抵觸，則優先選擇足球課。足球社團有比賽目標、等級挑戰，也結識許多好朋友，讓討厭的訓練也能留下歡樂的淚水，學習身體協調和問題解決。

不過在選擇運動社團時，我建議家長不要選擇「只為求勝而魔鬼管教」的球隊，孩子來踢球是得到樂趣、被肯定，日後就會更願意投入練習，那種像當兵把孩子罵到臭頭的教練根本走反路。

或者更簡單些，帶孩子逛街購買日用品，協作家事也可以，像是一起煮飯，從選菜、切菜、炒菜，帶孩子體驗料理過程並享受成果，像我會請他們拔豆芽菜的鬚，然後一起炒，馬上吃，品嚐親手做的成就。

孩子的特性是看見了才承認、體驗了才明白，最重要的是鼓勵孩子勇於嘗試，當學習有樂趣又被肯定，就會激發出有自主性、原創性的孩子。

可以這樣做

帶小小孩旅行的注意事項

怎麼帶學齡前的小小孩出國，而且是自助行，小小孩有其心理特性，安排行程要記得這些：

1. **小小孩怎樣使用他們的體力：**遇見喜歡的就全力去玩、重複玩，直到體力用盡為止，只要一停下來很快就會睡著，但對沒興趣的就頻喊無聊，因此動靜態不同的點要交叉安排。遊樂園等會玩瘋的點要常常休息，以免走不回飯店。

2. **僅接受「可預期的驚喜」**：小小孩不見得喜歡新奇事物，對不熟悉的會感到害怕，他們反倒期待目的、過程、結果如事前所願，知道會怎麼發生才有安全感，也才會放心玩。這是小小孩的生存心理，探索新事物要有安全保證，因此一定要「事前說明」，最好重複地說。

3. **彈性作息**：小小孩的生理時鐘很特別，平日上學起床都很困難，但放假不用父母叫就早早清醒下床玩。旅行也是，不管前天多晚睡，隔天一定七點前就醒，也不會肚子餓，吃少少糖果餅乾撐一天，小小孩的意志力大於體力，都是撐著把自己玩瘋。若大人此時也累了一天，就隨性休息放鬆吧，不必嚴格遵守作息，反正「出來玩是特殊的日子」啊。

6

零用錢制度
不是強迫存錢，而是練習花錢

孩子本來看到什麼就會要什麼

「那個糖果看起來好好吃，一定很好吃！」女兒一直看著它。

「我好想要那個喔、我好想要那個喔⋯⋯」兒子一直碎碎念。

「如果可以當生日禮物就好了，生日還要多久才到啊？」女兒哀求的語調讓人好生可憐。

「不行耶，那個對你身體不好。」、「沒有什麼都想要的啦！」、「要忍耐喔，生日還很久喔⋯⋯」實在很不喜歡孩子想買什麼就來嚕，而當父母的都要潑冷水，太常說「不」也會令人煩躁。

孩子小學後我就開始發零用錢，他們想買什麼就買什麼，讓他們學習金錢規劃。

如果要高價品，就必須要存錢和懂數學，而且有失有得，吃一時之快的糖果餅乾，就很難買到一盒能玩很久的玩具。當然，無論是買什麼，必會經過父母的眼睛，只是大人不再有絕對的阻止權（只會在旁嘖嘖與搖頭）。

孩子生活範圍與作息都很固定，也沒什麼機會去商店，他們慢慢地存了一筆錢，然一旦去便利商店或購物中心時，他們就突然變成出國團體行的阿桑，過了這村沒那店，非得帶一手東西回家，把錢花個精光。怎麼勸也沒用，就是要，說什麼也不後悔。

如果撐過當下，孩子就會冷靜，再也沒有對玩具山盟海誓、不買就跟你鬧到底的衝勁，果然小孩子就是小孩子，以後只要帶離現場就好了。兒子比較理智，後來發現他能克制是因為知道還有網路購物，女兒單純視覺衝動，認為一定有可以買的，至少要挑一個帶回家。

「錢」對小學生來講，還只是一個數字形式，沒有辛勞代價的意義。「存」到一個數目可以去買那個定價的玩具，像大富翁桌遊一樣，但是沒有「好貴」、「花錢心痛」的感受，喜歡的模型三千元很便宜，沒興趣的二百元嫌貴，孩子對「錢」的視野和習慣根本不是大人想的，要他們知道「存錢是美德」真是太難了。

我的童年：對錢很有現實感

我對錢很有現實感，是會存零用錢的人。國小時有次晚餐時與母親爭吵，她生氣說：「不然你就出去！」我還真的就放下碗筷直接出去，當時是真的有「離家生活」的領悟，但一氣之下什麼也沒帶，就蹲在門口外想接下來要怎麼謀生，結果不到三分鐘母親就出來找人，打罵後領我回家。可能是這樣，錢對我很重要，若下次被趕出去才有本錢生存。

小時候家裡會發零用錢，記得小學六年級時存下來的總資產是兩百多元，當飯錢可以撐三、四天。金錢的運用與管理推動了我的思考，我自尊心強，不想求助他人，有錢才能規劃生活怎麼過，所以省吃儉用多存一點當保障。上大學住宿也一樣，每天中午吃學生餐廳四十元一餐，喝湯喝到飽，也曾到量販店搬一箱一百八十元的泡麵，以三十包當整個月的晚餐。未成年不能賺錢，但知道對統一發票可能會中獎，就會多買十元飲料，一次一瓶累積發票等好運。

對錢的考量讓我變得很現實，形塑了我早期人格，是好是壞先不評論，但至少我學到「如何在有限中做選擇」。

心理學觀點：從「做選擇」中發展自我意識

生活各面向是漸進發展的，人不會突然懂了、會了什麼，一定是不斷的經驗、練習、整理去堆砌，最後才有定性。從外在操作到內在歷程，人們從社會任務中發展出「我要做什麼」、「我能做什麼」及「我是誰」的自我概念。有興趣的讀者可參閱艾力克森（Erikson）的〈社會心理發展階段論〉，它以「生涯」為軸貫穿，從社會任務到心理課題，闡述一個人學習成熟的生命週期。

不過社會的教養卻很矛盾，很多父母希望孩子學業完成前不要談戀愛，以免影響成績，孩子乖乖照做，等到畢業出社會，身分轉換了，父母又突然說：「啊，怎麼都沒有對象呢？不要太晚結婚啊。」孩子覺得這是在哈囉嗎？以前不能做，現在卻要憑空出現？生活各面向都不是時間到就有，而是需要累加，若要談戀愛，得先學習人際互動、同理心、自信及溝通，從基礎累積到進階。

在發展階段裡，「兒童期」是被決定的，是被動承受，如父母要求他讀私立小學，他學習逆來順受適應環境。「青少年期」則可以選擇，但受限於環境，屬被動選擇，如考大學，可以努力用功增加選擇不同學校的機會，但「升學這條路」並不會變動。

青少年抵抗或叛逆其實沒關係，那只是系統下的不同選項，但若做了系統外的事，如輟學，就要留意與關懷。一般孩子不會刻意做選項外的事，因為會被同儕、老師及父母異樣眼光，根本是自找麻煩；反過來說，如果孩子真的這樣做，那表示他遭遇到比自找麻煩更麻煩的事，表示他需要有人協助。

成人期才是「主動選擇」，會主動接觸未知領域，從中找到自己興趣並全心投入。選擇後不見得有什麼立即效果，在當下就是享受樂趣與學習而已，往後才萌芽自己的處世信念。

前面三階段的吸收，到了成人中後期的「生產創造」，那是「經由自己，有意義地、主動產出什麼」，以植物來比喻，像是醞釀多年的種子，終於在此開花結果。這是人生最有意義的事，個體所經歷的人生前期，以自己信念重新組織、詮釋，產生／創造出新的、屬於自己的「某個作品」，甚至能貢獻社會。

關鍵點是「從己出」的「生產／創造性（generativity）」，所引領出的生命樣式。

（McAdams,1998,《Gemerativity and Adult Development》P37）

因此，在教養上盡早開放孩子「做選擇並體驗結果」，讓他經驗庫有足夠的素材，自我意識就能萌芽，產生自己的個性。

讓孩子練習用錢做選擇，減低金錢的影響力

我選擇讓孩子做金錢管理，各給一個錢包裝錢，隨時知道自己剩多少，摸得到錢，也可以使用，才有真實感，不要像過年紅包一樣，看得到吃不到，對錢就會無感。

規劃是這樣，小學後每週零用錢二十五元，每年升二十五元，所以二年級時是每週五十元，以此類推，到小六時大約每週給一百五十元。看起來很多錢，但零用錢就是「全包價」，除了基本需求外孩子要吃什麼、喝什麼、玩什麼，全部自己規劃。

不過有加碼，學校期中、期末考前三名也有獎勵（可議），單科一百分加發一百元。每年三節會給禮物，一是生日，自行挑選；二是聖誕節，我挑選；最後一個是農曆新年，會從紅包中提撥一千元給他們。

盡早用錢練習選擇，也能避免童年匱乏長大補償的行為。我大學的社團同學，因為喜歡吃零食，他大一的時候體型圓滾滾。他曾說愛吃的原因，是小時候家裡窮，很難得有點心，尤其是拿到夾心酥時，他跟弟弟都要把餅乾撥開，一片一片慢慢吃，有夾心的那部分更是最後當寶吃。我想像那個畫面，覺得好心酸喔，隔

天買夾心酥送他，但他說不用了，現在有打工可以自己買，所以其實都吃很多。後來我不常去社團，兩人再相遇時是大四，他變瘦了。我問怎麼了，他說也沒什麼，他不愛吃零食了，尤其是夾心酥。

「夾心酥不是你童年的最愛嗎？」我疑惑地問。

「可是我吃夠了。」他說。

這便是補償作用的一種。成人長大後會彌補童年所欠缺的心理匱乏，這裡雖以食物做例子，但心理層次的愛與被愛、關係、成就、讚美、被認同也都會如此影響成人的行為選擇，甚至會盲目追求，直到夠了為止，個人才有真正的自由。金錢的影響，也是同樣道理。

孩子會不會亂買？肯定會。不過沒關係，這階段的本意不在於存錢，而是用錢。想當年我怎麼拚命省，也不過才二百多元，但到大學時，二百元根本不算什麼了，不如在當下盡早體驗用錢，讓孩子好好從做選擇中得到滿足（或後悔），就算大人覺得是「沒用的東西」也沒關係，這些經驗才能把「錢對他們的影響力」變小。

可以這樣做

零用錢制度的注意事項

零用錢制度一定要玩真的，在絕對不能做的底線之前（例如賭博），即使孩子亂買，大人也必須學著放手，否則學習的用意就會失去信用，在生活中機會教育，孩子才有所感受，如買錯了有損失感，或明瞭勞動與金錢的等值交換。制度規劃後，有以下三點要注意：

1. **不與家事綁樁**：家事本來就要共同分擔的，不可和錢混在一起，否則最後會變成為了錢才願意做家事。家事可用榮譽感激勵完成。
2. **制度要穩定**：規定好了定期定額，就不可隨意分紅，若要額外給一定要有理由、說明清楚，例如「因為疫情待在家都沒運動，為了鼓勵你們動一動，跟爸爸去散步十五分鐘，滿三次加碼五十元。」
3. **不可扣錢**：孩子得到的東西，大原則不可再收回，否則以後得到了也沒安全感，零用錢也是，即使是處罰也不要扣錢。不過若是打破有價的東西需賠償，就得從中扣除。

7 男女大不同
男女孩學習路徑不同，因材施教不比較

孩子的童言童語，超乎大人的思考邏輯，分享幾則生活裡我和女兒的對話，當時八歲的女兒能言善道兼強辯，至今想起來仍令我啼笑皆非，也讓我回頭檢視女孩、男孩的教養差異。

女兒驚人語錄

（一）空腹肚餓論

「妳怎麼那麼快？剛剛大便有大出來、很多嗎？」

「大一點點而已。」

「為什麼？」

「因為等下上足球課，全部大完，怕肚子會餓。」

「給。我。去。大。乾。淨。」

（二）是你的錯

「醬油會辣！」（嫌惡感，彷彿是爸爸害的）

「可是，是妳跟我要的啊！」

「是你倒給我的，我剛剛只是問有沒有醬油，沒有要。」

（三）詭辯

湯裡有三顆貢丸，我問女兒：「可以給我一顆嗎？」

「不行，我想自己吃。」

「好吧。」

結果媽媽過來要走了一顆。

「為什麼媽媽可以吃？那我也吃一顆？」

「因為媽媽已經吃了，你再吃我就剩一顆了，不行。」

（四）母親節禮物

母親節禮物，小學一年級的女兒給了媽媽五張券。「馬上去讀書券」、「馬上去洗澡券」、「馬上去睡覺券」、「馬上起床券」、「馬上寫功課券」，限各用一次。

女兒，很會說話，而且很犀利。

我的童年：男生語言發展慢

兒子在客廳邊看電視邊吃早餐，我從廚房聽見他大聲回說「很、難、吃！」聽見後就火了，因為前一刻我才拿新口味的飯糰問兒子好吃嗎？心想手邊還有另一種口味，如果他覺得不好吃可以馬上換。兒子拿著說不會，然後他邊看電視邊吃，我離開後才說難吃，啊，剛剛不換，現在嫌難吃是什麼意思？所以我生氣了。「難吃？剛剛為什麼不說，都吃了一半才說」我吼回去，但還不至於爆炸，反正還可以換，事情還可以解決，只是被這樣說很不悅。

我拿另個飯糰走到他前面，兒子急忙解釋：「不是那個，我是說『很難吃』」他邊說邊做動作，辭不達意。

畢竟是他父親，看了看，猜出意思，兒子的意思是飯團的餡料一咬就全掉，不方便吃，所以「很．難（不方便）．吃！」。

「喔，好啦。我去幫你拿塑膠袋裝起來。」我說，「你下次要說清楚：『料會掉，很不方便吃！』不然我聽不懂。」

我前頭說的「好吃」是指食物、口味好不好吃，此刻他的意思卻是不方便吃。兒子，省話一哥，常常很多事不敢說，或說不清楚，要他朗讀課文多練習也不要。

唉，兒子的語言發展較慢，也讓我想起自己關於語言學習的事，成長中所有科目裡國文與英文是我最差的兩科，尤其是裡面的作文，它到底要我寫什麼？描述那麼長到底要幹嗎？兩科都是低分。國一有次英文課被老師叫起來讀單字，其中一個是「outside」讀「凹賽」，我不會，猜第一個字是O所以讀出「喔賽」（同台語音：挖大便），瞬間滿堂哄笑，連英文老師也跟著笑。

英文老師體型臃腫表情嚴肅，同學私下都叫他美國豬，那天還笑的真像彌勒佛。被全班訕笑很丟臉，真的，我站著不知道該怎麼辦，雖然沒有表情，心裡卻淌著血，我對英文的學習之心已經死了，再也不說了，大不了一輩子不出國就是。

心理學觀點：兒童發展階段，男女大不同

兒童期的身體發展，除了隨年齡有顯著差異，另外就是「性別」。男女孩生理

男女孩的表現差異與學習模式

男孩	女孩
1. 對會動的東西感興趣。喜歡動作類型小說或卡通。 2. 無法清楚解釋感受，尤其是負面情緒，情緒激動時會比平時話更少。 3. 系統化高估自己能力（自大）。為刺激而冒險，也因此容易受傷。 4. 男生需要行為管道宣洩能量。如戶外運動，需要一個發洩攻擊性的出口。最大的危機是「不活動」。 5. 學習動機：除非他覺得有興趣，不然不想作功課。 6. 友誼：肩併肩的關係、團體有高低位階、常常「自我中心觀點」。 7. 喜歡在中等壓力下完成一件事，如有時間的賽跑比賽。 8. 大腦掌管「目標」及「空間記憶」此部分發展快女生 4 年。 9. 有效的紀律與罰則：身體侷限。如：禁足、下課不許出去玩、撤銷他的特權（減少玩具或電視時間）；以牙還牙可讓他感同身受自己做了什麼，但不可報復心態，而是仔細說明以免情緒更被壓抑。	1. 五感敏感，例如音量、痛的知覺。擅長對臉部表情作解讀。 2. 可以解釋感受及情緒為何，喜歡言情小說，能分析主角動機、行為。 3. 系統化低估自己的能力（自卑），冒險失敗後不容易再嘗試。 4. 清楚細節，能區辨顏色和名稱。 5. 攻擊性：動口不動手，或「排擠他人」。 6. 學習動機：受自他人觀感影響，會在乎老師喜不喜歡她。 7. 友誼：面對面的關係、團體是平等且群體一致的關係。 8. 不喜歡壓力情境，如時間到就輸掉、威脅與衝突等。 9. 大腦掌管「語言」及「精細動作技術」此部分發展快男生 6 年。 10. 有效的紀律與罰則：口頭糾正、說明如何設身處地、正向肯定與鼓勵。

成熟的速度與順序各不相同，也影響學習訊息的接受與反應，這稱「性別特質」。特質是心理能力的性向，讓某部分先天效率佳，某部分較差，像是我們熟知的「男孩憨慢講話」，兒子十歲仍找不到形容句子；相對的，當時八歲的女兒就伶牙俐齒，輕鬆強辯，為了說而亂說。

原則上，男孩需要身教，教學時最好運用視覺（圖形）輔助記憶，他們對動感反應強，聽覺、痛覺也需要較大的刺激才有感受；相對的，女孩語言發展快，有同理心，言教即能理解，五感敏銳但容易受驚嚇。了解男女孩的差異，在教養上就不會誤解孩子的反應，於是對男孩最好面對面中氣十足地說話，對女孩則是輕聲細語就好。

我在上頁圖表整理了「男女孩的表現差異與學習模式」，整理與改編自Leonard Sax《養男育女調不同：大腦不同，學習型態不同，情緒表達方式不同》。

認識性別特質，因材施教

先天發展優劣勢不同，學習的吸收與反應也會造就孩子不同特色，對於越作越有成就感的事，熱情和興趣會被引發，進而熟練、創造，把該項身心能力練得更強，表現自然有別。例如男孩較接受權威式的紀律管理，喜愛挑戰，必須消耗體力得到滿足；女孩較接受陪伴式的關係，擅長細節描繪，喜歡合作，大家一起開心。認識性別特質能提醒我們，不必嘲諷地說女孩膽小或刻板地對男孩的沈默生氣，反而該先有安全的環境設計，針對弱勢部分適性教學，引導孩子平衡發展。我認為，強項能力是個人特色，但弱勢的部分至少也要及格，像人的左右手一樣，發展慣用手，可是不能廢掉另一隻手。

兒子剛開始補習英文時，相當害怕進階班，覺得自己一定不行，受心理影響上課表現失常而挫敗，無論是鼓勵或斥責都對他無效，上兩次課後我就從環境改變起，將他換到基礎班，他心安後學習就穩定了。適性教學的意涵是先讓孩子安心，保持興趣，能力才有機會發揮。我自己英文那麼差，很能明白這個道理。

身心發展到一定年齡後，原先性別特質導致的能力差異會趨於平衡，不過通常要等到出社會三十歲前後才會因為「個人自主性」去補足弱勢能力，就像我放棄英文、放棄出國，卻在第一份工作兩年後代表公司出國，倖存歸國後英文能力就平衡一點了，敢開口了，後來還常去國外自助旅行，人生真神奇。

可以這樣做

成為孩子學習的背後支持者

孩子的學習，尤其是學校學科，督促角色已經有老師在做了，父母反倒要站在鼓勵的位置在背後支持他，以此平衡一點。

1. 感到安心，才能發揮能力：當孩子表現不好時，我們先試著了解是什麼讓他們感到不安、不能專心，別太快「個人歸因」說是他的懶惰、投機、抗壓不足。越是弱項的能力越需要鼓勵，孩子才敢嘗試，否則當然越挫越不敢做。

2. 先求有再求好：先有成就感，再求好成績，換言之，保持孩子的學習興趣比完成進度更重要，有動力就會想辦法解決困難。舉例來說：孩子趕完十題數學進度，結果都錯了要再次訂正，跟花同樣時間只寫完五題卻都正確來說，後者效果較好。先求有再求好，真正弄懂後再往前進。

3. 不與他人比較，快樂學習：不與他人比較，成績第一名的實用性不高，還要擔心下一次第一名會被搶走，學習要有實用性又能開心的最好。我發現兒子喜歡聽動畫的主題曲，剛好也是英文詞，便趁機印出歌詞讓他正確地唱，寓教於樂的效果最好。

8 非暴力管教 其實我也不想打小孩

其實我也不想打小孩，但失控的那天是在女兒兩歲時，在浴室門口，我強迫女兒遵守睡覺時間，結果她脾氣鬧很大。

女兒原來在玩的遊戲被中斷，我大聲兇她快一點收，她也大聲回不要。再三要求都沒用，我氣到拿衣架威脅打人，要女兒乖乖就範。這下她不敢回話，但情緒寫在臭臉上，身體一動也不動。

打在兒身，痛在我心

「數到三不去做，我就打下去囉……一、二……」我很嚴肅地說。女兒還是不說話，也不動作，眼睛用力瞪著地板。

「三！」我上前把她身體轉向，拿衣架用兩成力打在屁股上。

我雖然生氣，但仍知道不能用大人的力度，女兒該遵守規矩，而不是鬧脾氣，給她知道痛就好，希望她能屈服去做。

衣架打下去悶悶的，沒有聲音，這種最痛。我看到女兒的表情，知道會痛，但不到一秒，她居然大聲回話：「一點都不痛！」

「！！！」不痛是怎樣？這個倔強是對大人的挑釁嗎？此時理智斷線。

「不痛?!」於是我抓她過來，再打一下，「怎樣?!會痛嗎？」，她不吭聲，我用了三分力再打第三下……這時，她終於大哭，我才停手。

雖然得到力量上的勝利，憤怒緩降，但這是空虛的勝利。

太太馬上安慰女兒，帶她完成盥洗，然後上床睡覺。我在旁邊看著，直到太太帶她進房間。

不一會，太太出來譴責我說「你太大力了，她的屁股紅腫，也有瘀青，現在只能趴著睡。」

「我真的沒有很用力，可能是打三下才這樣，小孩皮膚本來就比較薄，本來就會這樣……」我強辯著。

太太回房間，我在客廳沉澱。堅持孩子去睡是因為規則，我感到理虧是覺得不該用大人的力量對付小孩，這很不公平。情緒退去後，思考焦點從自己的氣憤轉到了女兒心理，開始懺悔是否讓她驚嚇，屁股痛得難受、自尊挫折，會不會覺得爸爸很可怕……。

我的童年：父親堅持管教原則

童年時很少被修理，父親管教方式是讓我有選擇，例如吃飯，如果挑食不想吃，那麼也不能吃其他非正餐的東西，像是冰箱裡的冰紅茶。那時高興地逃離現場，能不吃討厭的東西什麼都好，沒想到炎炎夏日這個處罰很有用，冰涼解渴的飲料沒有了，只剩溫開水可以喝，整個人都焦躁起來。父親是堅持原則的人，即使後悔也得乖乖地等下餐吃完飯才能解禁，知道代價與比較後，就很少挑食了。

我主張不該打小孩，因為大人本來就比小孩力氣大，用暴力屈服不算好漢，而該思考其他溝通方式。然實際遇到時，當下卻想不到其他方式，而是情緒激動直接動手，怎麼會這樣呢？

我回想兒子小時候也曾被衣架打過兩次，情境類似，都是要孩子遵守規矩他卻鬧脾氣而打。孩子皮膚真的比較薄，厚度只有大人的一半，打一兩下，屁股皮膚微血管破裂，就顯得紅腫、瘀青。當時我已警惕自己不可再犯，往後也沒有再打，沒想到面對女兒，在兩歲的關卡時同樣又跌了一跤。

心理學觀點：打孩子的暴力衝動來自何方？

我輔導過很多家庭，替父母上親職教育時，發現沒有家長打孩子時會甘之如飴，多數來自管教上的無奈，最後才用打的，他們認為體罰讓孩子「至少不敢再做」，也才能對學校、老師有些交代。

「人類並不擅長暴力！」社會學大師德爾．柯林斯在《暴力：從常態到殘暴，以微觀角度探索個人、家庭和社會中超過三十種暴力的形成和真相》書裡說明，人類天性中有制衡暴力的屏障，並非天生暴力性格，因此暴力的出現是一個發展進程，要有各種條件一起發生才會啟動。其中最常發動的條件，是雙方發展成「強VS弱」的相對位置，亦即「我打你，可是你不敢打我」的關係，而管教孩子上就有這樣的位置：打小孩，他不會也不敢還手。小孩因懼怕而屈服，讓家長得到「錯誤的有效性」，誤認孩子屈服是被矯正的結果，長期下來養成「習慣」暴力溝通。

除了相對位置，另一個是情緒衝動，像我本來就不會大欺小，但瞬間之所以失去理智，是因為還有別的壓力事件一起囤積所導致的情緒爆炸。

我回想打孩子事件的前面，還發生①那時牙痛不舒服忍耐很久，剛好孩子犯錯而情緒遷怒。②夫妻間的不愉快，又不敢對妻子生氣，剛好孩子犯錯而遷怒。③孩子在原地久久不動，還回嘴挑釁，被激怒而氣到動手。

我的情形也驗證了兒虐統計上會體罰的父母，原因有六成來自「對於兒童發展缺乏認知」、四成是「因應壓力或衝突能力的不足」，三成是「遇到心情沮喪或憤怒時，缺少自我控制能力」，可見父母都需要「學習知道自己怎麼了」，才能避免憾事。

要阻止暴力產生，一是靠正確信念，不斷提醒自己不能欺負弱小，每次出現衝動時，信念價值要出來阻擋變成防線：「總之，不可以用打的。」再怎麼混亂也要記得這個底線；另一個是靠情緒覺察，在發怒的當下，審視自己怒氣合不合理？孩子行為確實不好，「但是我怎麼會這麼火大？」不等比例的情緒顯示了「還有別的原因」，通常跟眼前的孩子無關，而是自己內藏的（如牙痛）或外在的（如夫妻吵架）其他因素。

認知和情緒的覺察都需要練習才會上手，最簡單的方式是「先離開現場求冷靜」。若不幸衝動打了孩子，事後也要自我檢討，釐清情緒來源與因果，才能提醒自己就事論事不再犯。然後，也要向孩子道歉。

孩子做錯用處罰提醒是可以的，但不是用打的，體罰所造成的懼怕情緒蓋過了他自我反省的空間，父母以為「被打的孩子會怕，不敢再犯」，但其實是「他學到若不小心再犯，要怎麼躲才不會再被抓到」，親子雙方想的並不一樣。

孩子只是自我中心觀點，不是忤逆

在客廳冷靜了，我就帶著冰箱裡的蘆薈膏（能緩解皮膚曬傷的痛感），進去幫女兒塗藥。女兒的小屁屁上，紅又紫的血痕令人心疼，無論如何，她是個孩子啊。把蘆薈塗在皮膚表層，冰冰涼涼，轉移紅腫帶來的不適，女兒趴著笑笑地說：「嘻嘻！好涼唷，這是什麼～」一副很好玩的樣子，跟我有說有笑，一點也不記仇。

後來我才明瞭「孩子在情緒當下，身體、頭腦是被情緒卡住的」，她的頭腦也許知道該做什麼，但無法控制情緒，於是身體僵住不動，自言自語脫口而出。大人越兇，越是激發她的情緒能量，讓她若不是壓抑自責，就是本能反抗。

要提醒自己理解兩歲的孩子是「自我中心觀點」，她以為她知道的就是全世界，事實上她常常出錯，且情緒怎麼來的都一頭霧水，更不可能知道「怎麼挑釁大人」。我想女兒的哪一句：「一點都不痛！」，更可能是說給自己聽的，她面對身體皮肉痛的方式是對自己喊話：「一點都不痛！」，好像催眠自己一樣減輕痛楚，但大人卻聽成「好啊！你針對我來是不是……」。結果是大人不瞭解孩子，而孩子也無法表達清楚，親子之間太多誤解。

孩子是愛父母的，在替女兒塗藥時她就已能有說有笑，忘記父親剛剛的兇，又回到「嘻嘻！好涼唷，這是什麼～」的自言自語。只有大人還很計較，事後還會數落孩子忤逆，想起來真是慚愧，大人應該多向孩子學習，在管教上單純就事論事，給孩子一個心服口服的處罰，然後還要和好（擁抱）表示愛他。

可以這樣做

合情合理的處罰

1. **處罰的用意在「知錯」**：處罰前先說明「哪裡做錯、為什麼做錯，和應該怎麼做比較好」，必要時可做「實驗」讓孩子去體驗錯誤的結果，以驗證管教時的道理。不建議以「抄寫」作為處罰，因為跟「知錯改過」沒有對應關係。

2. **處罰以「剝奪形式」為佳**：體罰在短時間內可以遏止再犯，然「孩子會哭是因為害怕，而不是知錯」，同時有貶低自信的副作用，處罰較小的孩子建議剝奪活動自由，採「面壁思過」，一次最多五分鐘，以免傷害未發展好的腿部肌肉。處罰較大的孩子建議則剝奪時間與選擇，減少玩耍的時間，讓他「自己闖的禍自己收拾」。

3. **先離開現場求冷靜**：大人覺得很生氣時，先離開現場，喝杯水也可以，冷靜後較能恢復理性決定怎麼處罰。處罰後，記得要抱抱孩子，提醒親子關係不會受影響。

9 生活的意義
為什麼要這樣？為什麼要那樣？

與街友互動的教育

帶孩子們散步，順道繞去便利商店買明天早餐，商店門前有兩位街友坐在那乞討，疫情期間三級警戒，路上冷冷清清，他們的收入應該也不好。

我先準備好錢，東西買完後，一人分別遞給一百元。

正要走，右後方晃出一隻手揮啊揮，原來還有一位坐在牆角的女街友。好的，再從皮包補給她，不能厚此薄彼。

還有一次也是在附近巷口看到街友，他坐在那沒有乞討，我就回家準備簡單的餅乾、水和口罩，再回去拿給他。

孩子們在旁邊看，跟我一起準備食物包，事後問為什麼。

我跟他們解釋「街友」是有困難的人，只好待在那，不然在地下道或路邊要吃要睡都很辛苦，沒有人願意如此。現在我們可以幫忙，就多少幫一下，而且最近疫情比較沒人出門，他們應該更少收入，以前我給五十元，現在會給一百元。

有時候我也會請兒子幫忙遞錢，他很樂意，回來會跟我報告：「爸，他跟我說謝謝」。女兒就比較精，出一張嘴：「那應該給一千元比較夠，三人就三千！」

「這……有道理，但是有點多，不然你也多少支援一點。」我說。

「不行吶，我沒錢，只剩十元。」因為女兒零用錢最近都拿去買糖果了。

「沒關係啊，可以從過年紅包裡抽，之前都有幫你存戶頭，絕對夠。」我說。

「就不行哪，我就是沒錢！」女兒堅持她很窮。

我的童年：乞討的老奶奶打破我的世界觀

小朋友的視野是「自我中心觀點」，認為自己的生活就是世界中心，教會長大的我也曾以為所有的人都該信基督教，並按指導過活，而非教徒就會偏離軌道過得不好，拯救他們是教徒的責任，這是當時我的「世界觀」。

直到有天在路旁看見一位老奶奶乞討，我跟父母預支了五塊錢給她，沒想到她回：「謝謝，願上帝保佑你！」這句話打破了我原先預設的世界，「原來信上帝也會過的困苦？原來不是所有人都一樣？」我這些疑問，父母並沒有給我合理或能聽懂的解釋。我一度以為所有的老人都很可憐，就把當時存款一百多元給來訪的曾祖母，因為她很老又沒工作又自己一個人住，後來才知道她生活不匱乏。

世界觀很重要，是人相信世界會怎麼運轉的信念。國小時曾有一次高估自己能力，跟弟弟去搭兒童樂園的飛天旋轉椅，結果快速旋轉的離心力超乎小孩想像，兩人簡直趴著哭，驚恐災難何時才停。那時我想起兒童主日學有說，困難時就跟上帝禱告，祂必聆聽，於是跟弟弟說：「別怕，我們跟上帝禱告。」我閉眼祈求，說現在很害怕、求祢幫助我們。上帝讓孩子心中有依靠，恐怖時間就過的快些了。機器停止後兄弟軟腳走下來，然後我就再也不坐雲霄飛車類的遊樂設施，實在有些創傷啊。

心理學觀點：要知道生活的意義，才有生活動力

所有的社會活動都有其義，但孩子並不覺得理所當然，他們會問：「為什麼要這樣生活？那些人又為什麼要那樣做？」

世界是怎麼運作的，對孩子很重要，有神、上帝或聖誕老人這樣強大的存在負

責掌控世界，而祂們又是喜愛孩子的，友善的世界主宰豈不令他們感到心安。孩子聽故事時，那些從窗戶進出的人物，聖誕老人就比虎姑婆好多了，充滿危險的世界會讓小孩睡不著，我家女兒就是一例，警世的故事反而讓她害怕那扇窗。

為什麼要這樣生活也是哲學裡的基本三問題：「我是誰？」、「我從哪裡來？」、「我往何處去？」，在「活著」不是太大問題的時代，心理健康跟明白生活意義有很大的關係。上帝說生命被創造是來享受旅程的，生命的本分是當世界的光和鹽，最後回到天家所有人團聚，有這些信念價值，生活就會產生意義。

人為什麼要這樣生活？也跟「愛與歸屬」有關。布魯克斯（David Brooks）在《社會性動物》書裡提到：「人類並不是先長大成人，然後才創造出人際關係，而是一出生就活在父母及先祖們的關係中，是那些關係造就了你我。」意思是如果一個人離群索居，失去人與人之間的連結，那他所有的言行都會失去意義，人的發展任務是「接納自己」、「發揮所長」及「關懷他人」，這也是心理學家阿德勒（Alfred Adler）所謂的「發展社會興趣」：找到位置、有所貢獻。

岸見一郎在《人生雖苦，但還是值得活下去》書中把此概念延伸出去，人生雖苦，但我們的任務是：①應用過去經驗和學習到的東西，做好準備，面對人生中的各種人際問題，如親情、友情、愛情。②活著本身就是價值，要在與他人的連結中生存。③覺得自己有價值的時候，是自己的行動對社會共同體有益的時候。這些意義使人有繼續向前的勇氣。

對社會不感興趣的孩子，會挫敗、空虛和孤單，為了逃避那種感覺，路反而越走越偏，但其實他只是希望有人相伴與教導，知道他活著的意義。

如何向孩子解釋「生活的為什麼」？

老實說到大學畢業前，我自己也不明白生活的意義，只知道學歷高一點似乎會有好工作（但後來證明不是）。雖然不知道為什麼，但那時有聯考，讀書考試自然成了目標。

生活日復一日百般無聊，只好自己找目標維持紀律。高三時早上七點半要到校早自習，計算盥洗、早餐、騎腳踏車上學時間，必須六點半前起床。早起很辛苦，因為前天晚自習十點才結束，每天都很累。那時剛好看到電視週一至週五早上六點二十分至六點三十分要播短卡通，我就自己設立與遵循「早起可以看卡通」的紀律。讀書也是，我不喜歡讀書，所以告訴自己那就快點搞懂、快速寫完，就能擁有自己的時間（同時避免老師再給我新的進度，表面會假裝還不懂）。

現在有書幫忙解釋了，池上彰在《為什麼要工作？為什麼要讀書？》中以圖文說明「工作」是做某件專門的事，彼此互相幫助，例如要吃到一碗拉麵，是各種職業共同效力的結果，當中有店家老闆、廚師、農家和運輸業，全部才造就出一碗麵，這些都是「工作」，也是「社會分工」的意義，每個人都跟社會有所連結。

「為什麼要上學？」也需要解釋，我家小學的孩子至今仍認為上學超無聊，課程也無趣，放假時最歡呼，唯一勉強去學校的理由是「還能跟同學玩」。書裡幫我們解釋，學校是學習基礎知識的地方，能開闊視野，學科與生活息息相關，以後面對工作能有更多選擇。讀書對小學生來說本來就太「未來」了，看不到的事不易理解，所以父母最好以身作則，讓他們看見家長也能在生活中找樂趣和創意，證明學習的實用性。對孩子有用的事，他們就會主動學，像是寶可夢圖鑑共八百種名稱，不用教，他們全背的起來。

可以這樣做

機會教育「生活的意義」

世界觀是比較抽象的議題，因此越具體的、越實用性的生活教育很重要，邊操作邊埋下思考的種子吧。

1. **生活信仰的討論：**「信仰」是人們如何看待世界的一套價值與生活態度，任何信仰都可以，父母以身作則，常運用這些準則面對生活中的難題。信仰在解釋人們未知的部分很有幫助，例如死後的世界，解釋至親過世後他們會去哪。

2. **尊重大自然的規律：**環境是我們與萬物生存的地基，共存就是尊重彼此的生存條件，不能因為動植物「比較笨」就玩弄或欺負。我常跟兒子說：「強者不欺負弱者，包括動植物，但允許你跟更強的人打架（可以小欺大，不過他不敢）。」尊重自然規律，可從日常的垃圾分類、愛護小動物開始。

3. **幫助別人的責任：**如同與街友互動一樣，我們是比較幸運才擁有現在的生活，有餘力就盡量幫忙別人，生命的連結就是互相幫忙，鼓勵孩子設身處地、帶他一起

練習服務別人。所幸兒子懂得照顧人，他常注意到團體裡落單的同學，會自動到旁邊陪伴。

父母可以自問：「我想讓十年後孩子成為怎樣的人？」以此大方向推想：「所以現在要準備什麼、傳遞什麼價值給他。」父母如何與世界相處，孩子就會學到這種態度。

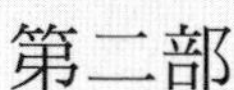

第二部

遇見困境，
是生命中必要養分

1

當孩子生病時
教孩子怎麼跟疾病共處

「霰粒腫」是人眼瞼中麥氏腺體慢性炎症所引起的腫塊，簡單說是「眼皮腫」，較不痛，通常長在眼睛下眼皮，跟一般所謂的針眼（麥粒腫）不一樣，針眼是毛囊或腺體的急性細菌感染發炎，會紅、腫、熱、痛，常發在眼睛上眼皮。

兒子小學三年級時左眼下方就長了一小顆，本以為是針眼，看診後才知道是霰粒腫。若霰粒腫變大，擠壓到眼睛視線，會使眼睛變形而視力模糊，故需要治療。兒子經過熱敷、數週抗生素和類固醇眼藥水後，仍無法讓腫塊內分泌物排出，醫生說是放太久腫塊硬化了，只剩手術切開排膿。

兒子「霰粒腫」小開刀

霰粒腫的眼睛小手術怎麼做呢？醫生說，其實很簡單，眼皮先噴麻藥，用小刀切一小洞，然後拿樹脂棒進入攪拌，腫塊潰散後再擠出來就好。由於只是切一小洞，傷口不大，很快就會復原，但難在「對象是小孩」，一定會恐懼亂動，讓那個切小洞的動作變得很困難。哇！那真的很恐怖，兒子聽到都要嚇哭了吧。

如果要避免孩子亂動，只能打麻醉了，但這是大醫院才能做的，為了麻醉，得事前通過健康檢查，再打麻醉進行小手術，術後留院觀察等麻醉退，而小孩全身麻醉的風險又高。好吧，時間及風險都是問題，只好說服兒子來診所直接小手術，這真的很難，兒子天生怕痛，更何況是這種眼睛旁邊動刀的，心理壓力讓恐懼更巨大。

我的童年：分享開刀經驗，降低兒子的恐懼

既然非做不可，我也只好設法降低兒子的恐懼，分享爸爸過去小時候也被開刀的經驗：割包皮。

過去年代流行割包皮減少藏污納垢，但對孩子而言根本難以想像，我只記得躺在床上，半身麻醉，意識清醒，哭著說：「弟弟之後也一定要割喔。」這麼可怕的經驗不能只有我這樣，否則不是太不公平了嗎。過程印象只有天花板那盞燈，

以及下半身被弄來弄去的奇怪體感。最開始打麻醉會痛，接著只有搔癢感，事後還要包紮、換藥等復原過程。大概這樣，總是會過去的。

故事講完後接著在網路找相關經驗的分享，跟兒子說其他小朋友開眼刀的過程，增強他的心理準備。

手術當天，是點麻藥效眼藥水，然後兒子躺在診所床上，沒有綁起來，我在旁邊緊緊握著他的手，事前囑咐會很不舒服但一定沒事，過程可以大叫但不要亂動，因為亂動可能會誤傷而更慘。

然後兒子就大叫了，「啊啊啊，我要死了，啊啊啊～～」，聲音之大整個診所的人都聽見了，就好像被殺的豬一樣哀嚎。真的很可憐又很好笑。

記憶中，打點滴是稀鬆平常之事

霰粒腫手術在物理上是件小事，只是靠近眼睛所以恐懼，後續沒什麼，敷藥幾天就好了。霰粒腫與個人體質有關，如皮膚特別油膩的人就比較容易引發，平常要多注意眼睛清潔，少吃油膩食物。

我的童年除了割包皮手術外，因為父母是藥師和護理師，所以很少上診所或醫院，過去醫藥還未分業，小病家裡都自己來。像是我很少發燒，但一發燒就會燒到三十九・五度，然後母親就在家直接給我打一劑退燒針，還有吊點滴打葡萄糖，一罐點滴五百ＣＣ大概要等兩、三小時，那時就躺著發呆，要上廁所就提著點滴去，久了也就習慣了。

其實我也很怕痛啊，尤其是感覺那尖尖的針打進身體，就會很緊張。「越亂動就會越痛喔！搞不好針會斷在肌肉裡。」母親是這麼說的，我大概被這句話嚇到了，從此打針我都乖乖忍耐、強壓害怕，等針一拔我才落淚哭泣。

心理學觀點：父母的反應是一面鏡子

家裡過去開藥房，附近鄰居生病受傷都會求診，我在旁邊當小助手，看久了也大概知道生活中的小傷小病是怎麼回事。生病受傷是日常，當事人「活力程度」尚可就不需太擔心，趁機想想自己怎麼了，然後調整生活或好好休息。

教會輔導曾告訴我，他覺得「生病就是上帝給人們的假日。」聽聽也很有道理，生活如此忙碌，每個人都忘了自己的身體在哀嚎，到底平常是怎麼扭曲它的啊。

孩子生病時需要關心，但不用過度緊張，在親子關係裡父母對於生病是怎麼看待的，就像一面鏡子會反映到孩子身上。父母的鎮定很重要，表示你知道怎麼回事，都在控制之下，父母的擔心也很重要，表示孩子的事你很在乎，有被你看見。沒有人希望孩子生病，但我們希望孩子怎麼與生病共處，進而也重視自己的身體，需要父母做給他看，孩子才會積極面對自己的不舒服。以下三方向跟大家分享：

1. **認識生病原理**：身體生病一定有它的道理，失去平衡不是一天兩天的事，不會突然崩盤的，對生病的恐慌來自無知，若明白越多道理就越不會害怕。有次發現女兒的腳指甲歪曲，起先也很緊張，此時一定不要怪罪女兒生活習慣不好，事發必有因，抽絲剝繭後才明白是「球鞋太小」，是長期擠壓的結果。後來就機會教育要她有不舒服就講，事後也調整環境與習慣，花了好幾個月讓指甲重新生長。

2. **生病時，生活就先放鬆**：生病是讓人們懂得休養，生命最重要，其餘的都是第二順位，所以生活就先放鬆吧，作業、家事什麼的可以做就做，不能做就擱著吧，不會怎麼樣的。

3. **關心不是用罵的，愛要說出來：**有時孩子受傷或生病，做父母的心急、擔憂，怕孩子不懂照顧自己，難免口直心快變成說教和責備。不過「表面上的指責」，並不會讓孩子想到下次要注意，反而會覺得爸媽一直罵他，結果鴻溝越來越深。之後孩子若受傷或生病就會感到矛盾，一方面想被關心，但說出來又可能被唸，以致乾脆自己處理（掩蓋）了。關心不妨直接說，問他是不是很痛。

解釋給孩子聽：「為什麼會生病？」

有關生病的概念，用孩子比較能理解與具體的方式來說，他們會更懂得「為什麼會生病？我又該做什麼？」，我推薦可以全家一起看日本卡通《工作細胞》，它把生理各部分都擬人化，讓孩子了解人體是一個社會系統，各個器官、細胞都努力不懈維持生命，當細菌入侵時，身體出動各種保護措施，例如白血球與細菌作戰時身體會提高體溫削弱敵方戰力，所以才有發燒，而感冒的咳嗽流鼻水，也是包裹壞菌並排出的反應。有故事、有主角，想像力能讓孩子更容易遵守生病的休養規則。

我常強調孩子的「眼睛」與「牙齒」要特別保護，因為那是最重要卻也最容易損壞的器官。女兒小時候大概以為自己是花栗鼠，總把飯菜含在嘴巴裡，邊玩邊嚼，一頓飯吃超久，結果乳牙泡在高溫下的澱粉，四顆臼齒就蛀光光，當時跑了好幾次兒童醫院做牙套保護，既花錢又花時間，現在只求維持現況，等到恆牙替換了。

兒子的牙齒不錯，但是眼睛不行，近視進展太快，原以為是電視、電玩用太久，但跟其他人比起來3C時數其實很短，所以找了好久才發現原因竟是「寫作業的姿勢不良」，真可謂書讀太多也有壞處，然作業都是在安親班寫，作父母的看不見，也只好不斷叮嚀了。

可以這樣做

指導孩子面對害怕時「我能做什麼？」

當孩子生病或受傷，很多父母唸他：「怎麼這麼粗心，下次專心點。」或者打針吃藥時會說「勇敢點，一下子就過去了。」這些說法很普遍，對孩子來說卻沒具體幫助，他們心理只能自己想辦法。給予孩子實際的指導吧，直接說「該做什麼」，我以兒子害怕打針為例，但每年都有預防針要打該怎麼辦，以下是我的作法：

1. **教注意力轉移**：不要看打針的地方，也不要閉眼睛，看遠方已經打完針的同學在做什麼，想等一下你要跟他們玩什麼；聽護士阿姨的話：深呼吸；打針時想想你喜歡的動畫，猜猜接下來的劇情怎麼演；在心裡哼一首你喜歡的歌曲。
2. **事前了解程序**：打針一定會痛，但那只有插進去與拔出來時，那時候深呼吸就好；害怕沒關係，每個人都會害怕，但是緊張後肌肉會變硬，針筒打下去時就會更痛，所以打針時先放輕鬆、讓自己無力，針拔出來後就可以哭了。
3. **給予未來酬賞**：鼓勵孩子努力掌握技能度過這件害怕的事，無論結果如何，返家後都給予肯定和獎勵，給予未來酬賞如晚餐吃他愛吃的菜，沖淡承受痛楚的無意義感。

小開刀完成後，我特別稱讚兒子的勇敢，雖然他狂叫讓診間外的人都嚇死了，可是他「沒有亂動」，所以真的超厲害的，爸爸或許也做不到呢，當晚就帶他去吃牛排了。

2 當孩子的學習教練

教「怎麼學習」

兒子和女兒，從幼兒園大班到現在，都固定參加社團足球隊。起先是踢興趣的，同伴一起打打鬧鬧，慢慢地教練給目標，以加入「代表隊」為志向，參加比賽贏得勝利。為了達標，就有訓練，就有要求，每個球員都要發揮優勢、調整弱勢。

足球課的心魔

球隊比賽時很多家長都積極參與，他們在旁邊觀看，有的激動吶喊「攻啊！」、「切入啊」、「那樣就對了！」、「做得好啊！」一副比教練還行的樣子，也因為看得清楚，家長更容易「指導」孩子：「啊～你剛剛怎麼不那樣踢？就衝下去就對啦！」、「你在幹什麼啦！再退後你就慘！」家長們求好心切，卻總是忘記比賽的不是自己，屢屢譴責孩子的緊張和失誤。

兒子踢五人制球賽，上下半場各二十分，他在一次比賽時表現欠佳，不敢進攻，剛傳給他的球迅速又踢出去，顯得畏縮、錯誤連連，沒多久就被換下來。大人說：「怕什麼，發揮你平常練習的實力啊！」哪有這麼容易，比賽臨場壓力很大的，跟上台演講一樣，很多人盯著看。兒子下場後，就一直被唸：「不敢積極進攻，虧你個頭那麼大！」呃，不是我唸的。確實發現重大比賽時，兒子有一半機率會這樣，尤其對方是強隊時，心理上先退縮。

家長事後諸葛沒用，碎碎唸也沒用，因為負面回饋不會讓人下次更賣力，只會更怕失敗。於是，我思考著把人和問題分開，只找問題，不責怪人。那麼到底是什麼問題：「如果我是他，為什麼不敢積極進攻？」

我想到兒子擔任後衛時，防守倒很盡責，怎麼進攻卻是退縮？啊！那就是「害怕失誤」吧，後衛截球失敗沒人會怪，後面還有守門員，但進攻時球被搶走，就辜負了好不容易拿到的機會，所以他寧願選擇助攻，傳球給別人，而不是自己帶球走。

我問兒子：「你不敢進攻，是因為怕輸喔？」

兒子說：「對！」怕球在他腳上被搶走，對自己沒信心。我再問：「可是你考試考不好，就不會怕輸啊。」

「不一樣，考試考不好沒關係，下次考好就好，可踢球不是～啊我也不知道！」

「不知道？」男孩子的語言真是弱項。我只好猜猜看，「你是說，考試是個人的事，但踢球是大家的事，踢不好會害到大家。」

「應該吧……」兒子這麼說，他心理的等式是：怕球被搶走，結果輸球被千夫所指，不如不要進攻。

知道原因後才能同理，也明白他壓力很大，耐受度跟個性有關係。不過事情還是要解決，否則一直坐冷板凳，就不如不要比賽了。要參加這場球賽得千里迢迢轉搭交通工具一小時才到，如果兒子上場沒多久就被換下來，我才不要來呢。

我的童年：囧！音樂考試唱不出來

我國小時也遇過類似困境，我不喜歡上台，因為被太多人看就怕表現出錯，一怕就緊張，像被光照到的青蛙一動也不動，腦袋空白。

五年級音樂課就因為這樣，輪我上台唱歌時，完全出不了聲，成績不及格。事後導師見狀覺得不可思議，因為我平時成績是班上前十名，他給我機會重考，立刻來台上重唱一遍。

我知道不能再考砸，只好硬上，一上台果然又無法動彈，台下那麼多雙眼睛，我不知道要看誰，又不能閉眼。在閃避視線時突然發現救星，看著教室後方掛著的國父相片。國父眼神穩定沒有情緒，令人安心，我看著他就順利把歌唱完了。

不過兒子的足球賽不一樣，我把現實告訴他，這是你自願參加的，要學習克服它，否則別浪費時間，退出代表隊來踢好玩的就好。如果不想放棄，就面對它，爸爸會教你學習「怎麼學習」。

1. **心理面做好「角色扮演」**：我跟兒子說如果害怕自己不行，那麼就「找人上身」吧，剛好那陣子在看卡通超現實足球《閃電十一人GO》，我說：「你可以挑主角隊伍裡最勇猛那一位，學他的幹勁，目露凶光，用力拚命，聲音喊出來。」學他們呼喚角色上身。技巧是一回事，不服輸是另一回事，「如果你不敢帶球攻，教練就會換你下來，不如全力進攻吧，不要保留力氣，反正之後也用不到了。」我說。

2. **實務面做「事前練習」**：怕踢不好就事前加強練習，我跟兒子說：「爸爸來跟你對戰，輪流帶球、搶球。」又說，「我沒學過足球，但是我比你高大，會全力阻擋。反過來若你被搶走球也不要停下，繼續再追回來。」實務演練時，口語指示加動作指導提醒他。不過，大人陪踢建議每次三十分鐘內，因為老骨頭要有自知之明。

有用嗎？凡練習就會有用，臨場發揮時至少有機會記起這些訓練（大人可在場邊提醒孩子）。每位球員都有自己的心魔，教練有該做的指導，家長也有家長可以做的陪伴，去理解孩子的卡關，並給予支持和學習方法，而不是出一張嘴。

心理學觀點：兒童的「鷹架學習論」

兒童學習有賴大腦區塊成熟、環境條件及實務操作的合作，但如果沒有人帶領，光靠自己不但事倍功半，也很容易放棄，這是因為「精準的學習」不在於是否自動自發，也不是講一講就會懂，而是「具體的身教才重要」。

俄國心理學家維高斯基（Vygotsky）於一九七〇年代提出「鷹架學習論」，（Scaffolding Theory）主要的看法是：「兒童內在心理能力的發展，有賴成人或能力較強的同儕協助，而這種協助應視孩子當時的認知程度與特質有所不同。」白話翻譯是說「要分程度因材施教，並秀出楷模。」兒童若有哥哥姐姐在前示範，生活挑戰有具體參照，學習就會快速有效。如國小中年級帶低年級的效果，會比國中生帶國小低年級的好，因為程度不會差太多，懂得怎麼教。有些幼兒園採蒙特梭利教法，設混齡班讓大班兒童協助幼幼班孩子，就是鷹架理論的應用。

「鷹架」是建造房子的輔助器具，也比喻需要從旁協助孩子發展潛能，藉由口語或非口語的具體示範，讓孩子從社會互動和遊戲中習得要領。往後孩子能獨立運作，協助者（楷模）則逐漸抽離，孩子所學的最終會內化成自身的能力，並養成一套掌握技能與知識的自學規則（self-regulation）。

重新理解「孩子無法完成某行為」的原因

帶兒童學習「怎麼學習」時，如同鷹架理論，第一步應評估孩子的狀態在哪裡，每位孩子的個別差異很大，並不是所有人發展進程都一樣，因此訓示孩子：「為什麼別人做得到，你卻做不到呢？」他還真的是不知道。

課業學習也是，如果孩子總是無法完成某項作業，出現擺爛、蹺課、不寫作業、不斷拖延，那是怎麼回事呢？我思考的點是這樣：其實「不完成」有比較大的麻煩，也有他人異樣眼光的壓力，因此他一定是遇到更大的困難才寧願放棄不寫。

大概是以下兩種：

1. **孩子「能不能做的到」？**孩子不是不做，是做不到。有三種可能做不到：①「發展未到」：生理基礎發展未到位自然不能完成，如小學低年級本來就無法完成高年級的作業；②「發展遲滯」：因生活刺激度不足，孩子能力發展比多數人慢；③「發展障礙」：先天神經系統差異，阻礙了社交發展，如泛自閉症孩子無法使用情緒系統，過動的孩子專注力容量短，要求他們比照一般人的標準是沒有道理的。若孩子多數行為做不到，應先評估他的發展狀況。

2. **孩子「願不願意做」**？孩子不是不做，是自我放棄。這類孩子發展沒問題，但是他「沒有動力做」，因為他覺得「做了也沒有用！做了總是被罵！我為什麼要做這些？」思考一下孩子這些想法是怎麼回事？人不會莫名其妙感到退縮，這表示孩子曾過度挫折、創傷、憂鬱又無法清楚表達才「習得無助」，最後放棄自己。心理受傷的孩子，應先關心他的情緒。

挫折的孩子很難靠自己回復常軌，需要大人的幫助，並個別化教導，才能尋回他的好奇心與活力。

可以這樣做

「愛」、「成就」及「提醒」

激勵孩子不畏困難好好學習，能用這三層面給予力量：

1. **「愛」是對孩子適當的期許**：父母無條件的愛是基本安全感，但若要讓孩子有學習動力，則需增加「有條件的期許」。期許，是設立目標盼望孩子達成，且相信他做得到。

2. **「成就」是根據具體事實予以鼓勵**：多採「正向教養」觀點來看待孩子有做到的地方，根據「他有行動」的具體事實予以鼓勵，例如說兒子帶球進攻十秒，「十秒」就可以肯定，並鼓勵他往「二十秒」的目標前進。

3. **「提醒」是適時提示他**：孩子常需要耳提面命，把「提醒他，然後他會完成」當成既定步驟，而非嘲諷「你怎麼都記不住，以後怎麼辦？」多正向肯定孩子，多鼓勵孩子發表意見，在問題解決時他就有自信多想想不同辦法，而不是盲目用力卻失敗，產生畏縮的心魔。孩子需要大人接納、引導、見證他的生活，時刻知道父母無條件的愛與對他的期許，學習才會持續主動。

3 認識情緒知能 重視孩子的情緒

我家三歲女兒，躺床上一直睡不著，我問她怎麼了。她說：「你剛剛兇我～～」我想了一下，她可能是指睡覺前沒刷牙被我大聲喊快去的事。「可是，是你不去刷牙，我才大聲的啊～～」我試著還原事件經過，每天都要催促孩子上床很煩躁啊。女兒沒有接話，持續嘟嚷著「你剛剛兇我～～你剛剛兇我～～你剛剛兇我～～」完全無視事件因果。

女兒堅持要道歉才作罷

「好，那妳要怎樣才可以睡覺？」孩子上床後我情緒已冷靜，可以專注在女兒的感受了，於是直接問她。

「你沒有跟我說『對不起』！」女兒說。

「什麼？可是明明是妳～～」我心裡是這麼抱怨，但沒說出來。

在那幾秒裡，雖然我覺得自己沒錯，但也覺得沒什麼好計較、不用爭對錯，如果女兒能心情平復好好睡覺，不如就為「太大聲」這件事道歉吧。

「好，對不起。」我說，再摸摸她的頭。

然後她不再繃著臉，抱一下，很快就睡著了。

孩子情緒出現的點跟大人想的不同，無論事件如何，孩子情緒感受大於一切，他需要被安撫、感覺安心，接著才有「然後」，於是跟孩子隔夜不計仇，氣消了主動跟他說說話、約一起吃東西表示和好。孩子對情緒尚未有清楚概念，有時候他也不曉得自己怎麼了，在教導他時，直白陳述最好，就別再用有情緒的話反諷了。

我的童年：沒有被處理的情緒經驗

我曾有段沒被處理的情緒經驗，當時大人沒有跟我說什麼，我也無法表達，最後情緒印象殘留，日後對相關事物自動防衛。

小五時爺爺家養狗，一大一小，大狗站立時可跟我差不多高，我和弟弟都喜歡找牠玩，每天下午回爺爺家等爸媽下班，牠都衝出來迎接。可是，某天放學時大狗沒有跑出來，正覺得納悶時，大人們說大狗在馬路上被車撞死了。

聽聞此事我並沒有震驚反應，因為不在眼前發生，而遺體被處理的過程也沒看到，那年代不流行寵物葬禮，我只被告知「大狗消失了」，也搞不清楚「死」是永遠分離的意思，我「喔」的一聲，沒有想哭的感覺。大人們說不知是狗亂闖還是駕駛沒看見造成的，這些說法對我只是解釋，因為大狗真的不再出現，我也就接受現實，繼續悶悶地過日子。

現在回頭看，當時的我只能掩埋失落、轉移注意力，然而壓抑的情緒對生活產生影響，後來我就不太碰狗了，表面是覺得麻煩，但或許是潛意識不想再回憶這段突然消逝的人狗情緣吧。

心理學觀點：帶領孩子認識情緒，不能一味壓抑

人類的情緒非常強大也非常複雜，情緒促使我們發展社交，與重要他人情感連結讓生活有意義。在發展上，孩子先得到父母的關愛，他的任性被接納，在包容中體驗各種感受，了解自己的情緒，學習表達運用，最後他能說：「這是我的感

受，我知道情緒怎麼了，我可以決定怎麼做。」

人類情緒有三大類，我們會從中定義自己：

1. **本能情緒**：與生俱來的，有保護與生存功能，例如：喜、怒、哀、懼是全世界通用的基本情緒與表情。本能情緒會直接做出行為，像是害怕就快跑。

2. **社會情緒**：是社會化後帶有價值觀的情緒，例如：榮譽感、羞恥感。不過，每個文化的定義與內涵不同，如有些地方認為第一名是榮譽，有些地方則認為運動家精神才是榮譽。

3. **複雜情緒**：由兩種對立情緒所合併，例如對一個人又愛又恨。當生活與人際關係複雜後，感受就不會只有「非黑即白的二分」了，同時對一個人擁有多種感受才符合真實。複雜情緒更需要學習、辨識與消化，否則很容易矛盾困惑，很多人乾脆逃避、壓抑。

情緒知能很重要，可惜社會反倒教壓抑情緒，他們更喜歡「乖乖牌孩子」。成長中孩子壓抑情緒，表面沉默，內在卻消失了，如同作家黎紫書在《野菩薩》書〈生活的全盤方式〉文章中描述：「那孩子用沉默來承載生活給她的所有考驗。她很安靜，而

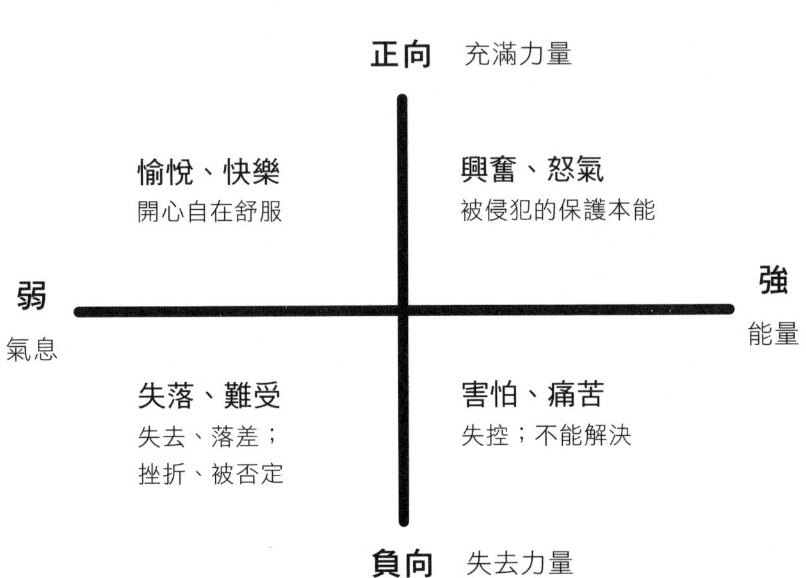

且不斷加深那安靜以調整她看世界的焦距。她把世界放大了，但世界在另一邊卻逐漸看不清她。然後她會消失，變成浮動的謎。」

兒童期盡早帶孩子學習情緒，可利用繪本裡的情緒畫面、故事、對話，以界定情緒相關的社會情境、反應、宣洩等示範。幼兒園的孩子，建議讀賴馬所著《生氣王子》、《愛哭公主》等譬喻的卡通情節並做討論；小學的孩子則建議讀《我的小小傷口》，它描述現實情境所帶來的各種莫名挫折，釐清他們說不出來的感受。

認識情緒可從基本四大類開始，分別為「喜、怒、哀、懼」，並以能量強弱、正負向區分。強弱是指情緒能量的大小，「正向」表示充滿力量，如「喜」：愉悅、自在、舒服；如「怒」：是被侵犯的保護本能。「負向」表示失去力量，如「哀」：失落（失去、落差）、難受（挫折、被否定）；如「懼」：害怕（失控）、痛苦（不能解決）。如右頁圖所示，先教孩子分辨這些情緒並表達出來。

《大雄在大魔境》的胖虎身先士卒

教導孩子認識情緒，事前用繪本，當下則是機會教育，有所體驗後再重新解釋與定位。

深受大小朋友歡迎的多啦A夢，有一集長篇《大雄在大魔境》，描述大雄與多啦A夢一行人走進死蔭幽谷，這裡陽光照不進來，伸手不見五指，據探險書說這裡有鬼哭神嚎的幽靈出沒。多啦A夢拿出手電筒，摸黑繼續前進。

突然鬼哭聲四起，聲音迴盪山谷，大家都嚇壞了。「出現了！出現了！」小夫扭曲的表情指向同伴背後，詭譎的光所形成的人形向他們襲來。

一行人拚命逃跑，無奈深谷也跑不了多遠，他們非常恐懼。唯有胖虎不同，他面對恐懼起先也是逃走，但越想越不甘心，他停下腳步，咬牙說：「好啊，老子跟你拚了！」他轉身往那個鬼撲去，揮舞著拳頭，遁入那片光。

「胖虎！」大家驚訝的同時更感到害怕，擔心胖虎是第一個犧牲者。奇妙的事發生了，那團光四處逃竄，胖虎從黑暗中歸來。

「胖虎，你沒事吧？」他們說。

「沒事，我一進去它們就散了。我手裡好像抓到它的一部分。」胖虎拿給多啦A夢看，他手一攤開，一粒一粒的小東西飄浮飛散。

「啊，難道是？」多啦A夢果然是二十一世紀的機器人。「我懂了！那不是鬼。那是在深谷裡一種會發光的微小蟲，它們成群結隊出現，讓原本就恐懼的人以為是鬼，只是這樣而已。」多啦A夢說。

「那鬼哭聲怎麼說？」小夫問。

「應該是深谷的關係，因為峽谷呈扁長型，山谷又深，崎嶇洞口導致風一吹進來像是吹凹凸不平空罐的氣聲，才會聽起來像是哭聲。」多啦A夢說：「總之，並沒有鬼怪這樣的事。」終於，大家都鬆了一口氣。

啪・啪・啪！另一邊傳來拍手聲，「真是太精采了，你們解釋的太棒了，我果然沒有看錯人。」他們回頭看，狗居然會說話！…………to be continue!

重新定位的情緒經驗

恐懼是一種本能情緒，會先入為主的保護自己，然而情緒反應有時也會過度，盲目保護而逃避新的體驗，因此需要學習情緒經驗的校正。

重新定位的情緒經驗就如胖虎經歷，需在「經驗發生當下」一邊承受經驗所帶來的情緒能量，一邊重新做出解釋。原先眾人感到害怕而逃走，胖虎卻衝進去那個害怕裡，結果發現所怕之物根本無害，那麼下次再遇到類似的未知事物就不再驚慌失措。

大人教導孩子辨識情緒也是如此，事件當下要好好向孩子解釋：有任何反應（情緒）都是正常的，讓他有釋放空間，也得到安慰，然後才澄清討論並學習之後要怎麼做。覺察情緒的意義是讓孩子理解自身所產生的情緒，校正他所想像的可怕，學習與情緒共處。

如果當時也有人告訴我那是悲傷，討論怎麼紀念大狗的逝去，我就懂得「失去」

會伴隨情緒低落，是想念所產生的正常反應，也許日後我就會願意再試著養寵物。

可以這樣做

認識情緒的小遊戲

情緒教育平時不必那麼嚴肅，可用玩遊戲的方式讓孩子熟悉情緒名詞，以下分享寓教於樂的親子遊戲：

1. **認識情緒詞——「情緒比手畫腳」**：先設好幾個「情緒詞卡」，如高興、生氣、難過、害怕、害羞、嫉妒，演出者以語言描繪「某個情境」，由猜者「選情緒詞卡」。例如「玩具摔壞了，他會怎樣？」無論是否正確，事後藉由題目擴大討論，舉出更多「難過」的其他情境，建議親子輪流分享。

2. **辨識情緒能量多寡——「情緒溫度計」**：畫出一個溫度計，量度在一至五之間，五是最高點。假設情境「玩具摔壞了，他會怎樣？」可能是生氣或難過，那應該是多少程度呢？由孩子來標註量度，接著討論該怎麼辦呢。此計量方式，也可以讓孩子去猜別人的情緒大小，練習同理心。

3.畫出情緒表情——「情緒臉譜」：用一張紙對折再對折出四個區域，各畫一個大圈當作空白臉型。請孩子以「喜」、「怒」、「哀」、「懼」畫出相對應的表情。每張臉需畫出「眉毛、眼睛、鼻子、嘴巴」，從描繪裡可判斷孩子對情緒的認知在哪個程度。

完成後先稱讚孩子的參與，再詢問孩子：「你什麼時候會出現這樣的表情呢？」、「你那時都怎麼辦呢？」一起討論之後的對策。

4 跟孩子談性
還要不要一起洗澡？

孩子通常不喜歡洗澡，如果問為什麼，他們會回答：「還沒髒啊！」意思是還沒髒到要洗的程度，如果別人覺得受不了，那是別人的問題。說起來好像有道理，符合孩子們自我中心的觀點。

我是奶爸，從孩子小時候就幫他們洗澡，小學後則是一起洗，過程中偶爾幫他們洗頭、抓背，這是我們每天的日常。其實主要是壓著他們去洗，不然孩子們髒臭我可受不了，我才不當那個別人。

妹妹說她的 GG 是藏在裡面的

女兒剛升小學一年級的時候，跟哥哥三人一起洗澡，古靈精怪又愛聊天的她突然說：「我也是男生！」

兒子則一邊用沐浴球刷身體一邊說：「才不是，妳沒有小GG。」他們繼續無聊的爭論，然後女兒說：「我也用下面尿尿啊，只是你的GG在外面，我的GG藏在裡面。」兒子說不可能，女兒回嘴說：「一定是！」我笑翻了，女兒的想法有夠天才。

像這樣一起洗澡一起聊天正是我的目的，洗澡是專屬的親子時間，也趁機跟他們聊聊學校的事「上課聽得懂嗎、下課玩什麼、喜歡哪個同學」，我也會檢查孩子的身體，看看指甲皮膚、摸摸骨骼，因為他們很容易受傷不自知，因此也要讓他們意識到這些傷痕、脫皮、瘀青是怎麼回事，最後，教孩子們如何正確清潔身體，雖然他們能自己洗，但都嘛隨便洗，不是抹了肥皂迅速沖水跟當兵一樣快，就是在裡面拖拖拉拉玩水。比較重要的是教性器官的清潔，教兒子留意包皮污垢，教女兒清潔外陰部上乾掉的尿結晶。

GG的話題我沒有多說什麼，因為明白女兒是要表示「她跟男生一樣有能力」，不是真的要探究GG在哪裡，所以繼續歡樂洗澡，大一點再談性的議題。

我的童年：性的啟蒙

過去社會避諱談性，就算有健康教育課也沒人當一回事。其實大人的日常態度非常重要，如果性被當成自然的事，有疑惑就會問，如果被當成不可告人的，就會是「禁忌」，只能壓抑不說。

不過禁忌終究會被打破，當好奇的孩子變成衝動的青少年時，就會用他們自己的方式獲取見識，不能說卻會去做，得到錯誤的結果。

我人生中第一部A片是國一時去同學家看的，大概四、五人圍著電視看，是無碼的歐美動作片。大家看的時候屏氣凝神，之後說說笑笑不當一回事，但我是被震撼教育了，勾起青春期身體的衝動，睡覺時潛意識處理「性的需求」做起春夢，然後就「夢遺」了。夢遺是夢中正覺得舒爽時，現實裡卻是尿褲子的感覺，每隔一陣子就得半夜偷偷起來換內褲。那時全家衣服都放在父母房間，要拿新內褲，就要悄悄潛入拉開衣櫃，結果有一天被母親發現問我在做什麼，真是尷尬，半夜開衣櫃是能給什麼好理由，只好沉默，母親好像猜到了，感謝她沒有大聲嚷嚷，只說換起來的內褲要先泡水，不然黏黏的不好洗。

後來還是沒有人告訴我「性是什麼」，高中時參加教會讀《聖經》，性被解釋為：婚前是放縱的情慾，婚後是神聖的禮物。可是離結婚還很遙遠呢，結果成長中對性都很壓抑。

心理學觀點：性心理與性格發展

性心理發展（Psychosexual Development）是心理學家佛洛依德於二十世紀初提出的概念，他認為「性」非常重要，不僅是傳宗接代的生物本能，性心理的發展更是隨著生理成熟，藉由口腔、肛門、性器等感官想被滿足的驅動力，進而掌握身體，最終掌握自己，身心同步成長，之後更能從成熟的性關係裡學習愛人與被愛，體會活著的滿足和喜悅。

然而文明社會禁忌談性，認為情慾是猛獸，傷風敗俗，文化種種壓抑讓性出不來，佛洛依德在治療女性的歇斯底里症時，發現個案就是因為對性長期壓抑，連談都無法談，那股驅動力在身體裡造成混亂，爆發身心各種症狀。

回到孩子身上，性既然是本能，當莫名奇妙的性衝動產生，如果沒有大人適切的教導，他們便會胡亂解釋，或者用錯誤的方式釋放。

從小營造可以談性的氣氛

現代網路發達，接觸性的年紀越來越往前推，小學生也有自己的手機，就曾聽過國小生利用畢業旅行的晚上群聚看A片。生理變化也是，隨著油炸食物與加工品越來越多，身體也比過去更早成熟，小五生就會來月經，也長出第二性徵。這些現象如果沒有給予適切的引導，孩子會上網亂找，然後拼出歪樓的解釋，把性當作笑話，也用偏差的觀念談戀愛。

大人對性的態度很重要，「性教育」是認識和尊重自己的身體，也尊重別人的身體，而性器官在成長階段會有什麼變化、男生女生該怎麼相處，遇到機會就聊一聊吧。也不一定要刻意談，在看電視或相關議題的新聞時機會教育就行，當父母的不妨把自己當成前輩，設想當年我們也說不出口或難以形容的性尷尬是什麼，自然地向孩子解說。像我們家還會一起洗澡便是在營造可談的空間，展示身體與親密，預備將來青春期時派上用場。

或許有人會問：「要跟孩子一起洗澡到什麼時候呢？這樣不會太尷尬嗎？」其實不會，並沒有規定上小學後就一定要分開洗。「你長大了就該自己洗。」是指他要為身體清潔負責，可是對身體的知識與照顧，父母還是要繼續教的，只要大人不尷尬，孩子怎麼會尷尬呢。

話雖如此，我想最慢女兒上國中後就不會再和她一起洗了，兒子的話應該還會持續下去吧。孩子小學中年級後我們家每週仍有兩、三次一起進浴室，各洗各的或幫忙洗背，但敏感部位要他們自己洗，我會指導與檢查，一起洗澡最重要的還是親子時光，自然地聊聊他們在學校的近況。

可以這樣做

如何跟孩子談性？

跟孩子談性，大人常不知從何說起，底下方式給大家參考：

1. **學齡前採取命令和指示：**對幼兒園的孩子，「命令和指示」較為有用，告訴孩子任何人都不能故意「碰／玩」他的身體，例如屁股、性器官。即使是老師、長輩、家人也都不行，如果有就趕快離開，趕緊告訴爸媽。

2. **兒童期可利用性騷擾防治繪本：**帶孩子閱讀兒童性騷擾防治繪本，以故事帶出模擬情境，從中認識身體的界線，又如何保護自己。像是日常裡被熊抱、碰觸身體

或遇暴露狂被騷擾，繪本能帶出適當的行為反應，如何找理由逃離對方和立刻尋求救援。先讀模擬情境，才不會事發突然無所適從，或者壓抑隱藏不敢講。以〈兒童性騷擾防治繪本〉關鍵字網路搜尋就能找到很多題材。

3. **青春期全方位的性教育**：老是談禁止與保護也很奇怪，其實性教育是全方位的，生理衝動一定伴隨心理悸動，因為性關係也是兩人的關係。青春期是賀爾蒙引起的美麗蛻變，開始喜歡一個人，開始學習交往、順性相處和身體親密。

我個人很喜歡《陽光男孩——身體和心理的秘密》、《花樣少女——身體和心理的秘密》兩本書，以漫畫開場，從喜歡、戀愛等情愫開始談起，帶到身體的種種變化，例如男生部分有第二性徵、夢遺、自慰、陰莖護理。

更重要的是聊聊「戀愛是怎麼回事？」、「兩個人交往時該做什麼事好呢？」、「我總是想到和性有關的事，是不是很噁心？」、「女生不會想到和性有關的事嗎？」等題目的探討。身體接觸是親密感的展現之一，這些題目把身心變化與親密、尊重、交往等議題做連結，是很完整的教材。兒子已大略看過一遍，雖然只看漫畫的部分，但至少以後有需要就懂得去找資料。

5 挫敗和面對 跟孩子談失敗這件事

國小我都搭公車上下學，車程大概三十分鐘。國小三年級某天下課時，在公車站等「11」號公車等了一小時以上，等到又無聊又焦急。終於，遠遠地看到車頭上方的號碼，馬上舉手、迅速上車。

才剛想可以休息，卻看到窗外街景越來越不一樣，應該要左轉的街口它右轉了，起先還安慰自己公車可能換路線了吧，後來不得不相信真的是搭錯車了，這是「17」號公車。

我的童年：搭錯公車很害怕，怎麼辦？

我以為公車會越走越遠，不知道下車後的結局會是什麼，覺得害怕，身體抖了兩、三站什麼也不敢做。良久，僵硬的身體動起來，悄悄走到司機旁邊，趁停站時怯怯地說「我坐錯車了。」一開口就流下眼淚了，因為真的很害怕，又不知道說什麼好。

「司機先生，我坐錯車了，怎麼辦？可以繞去我家那條路嗎？」這是祈求的語調，而我幾乎不曾這麼做的。

這要求行不通，司機說他的路線是固定的，他無法幫忙。

我繼續哭與祈求，「拜託拜託，我如果這麼晚還沒到家，爸媽發現我不見了他們一定會很傷心的。」我說出迄今我也不敢相信的話，這是求生本能，不然一個孩子還能說什麼。司機還是搖頭、沉默，但後來可能被我一直拜託，他終於想到：「不然這樣，公車路線雖是固定的，但最後會繞一圈回到你的學校，你可以在那下車。」

司機這樣一說，能在熟悉的地方下車，我就安心了。回神後算算驚心動魄快兩小時，最後打公共電話叫父親載我回家。

多利用父母自己的糗事

上述回憶還滿丟臉的，因為鮮少向人求助，自然遇到困難時也不知道該怎麼說，但那樣的情境下不向司機求援又能怎辦呢。我想起很多父母總是會說「路上迷路了可以找警察伯伯」，但同時又會說「要叫警察伯伯來抓不乖的小孩」，所以到底要怎麼跟「警察伯伯」打交道呢，這對孩子是個難題啊。

我把坐錯公車的過程當睡前故事來說，有意要讓孩子學習「遇難題的時候」一開始就是會有情緒，像是害怕、難堪、很不舒服，先知道第一時間是軟弱與害怕，哭一哭也沒關係，等情緒稍微冷靜，就能進入解決難題的思考。

搭錯車的事可能少見，所以我也跟孩子分享日常糗事，有次肚子不舒服噴出濕屁，內褲又髒又濕怎麼辦？我說爸爸也覺得丟臉、慌張，但之後還是要解決難題。像這種情況我要孩子不必一直穿著髒掉的濕內褲，因為臭味都會被聞到，屁股也會長濕疹，不如學爸爸把內褲脫了當衛生紙擦一擦，等到了安親班再換上備用褲就好，若沒有備用褲，就去便利商店買旅行用的紙內褲先頂著。

心理學觀點：先接受情緒，再想辦法解決問題

心理學家艾理斯（Albert Ellis）於一九五〇年代以認知理論為基礎，創立了「理情行為治療法」（Rational emotive behavior therapy，REBT），使用各種認知、情感與行為的技術來協助當事人。強調遇到事情時，個人在「情緒面」所產生的各種情緒都要先無條件的接納，接著條列式的書寫，從「認知面」駁斥非理性信念，去除「應該」和「一定」，也別說「完了」、「死定了」、「不可能改變」，試著從不同角度解釋現況，總是會有辦法的，最後在「行為面」找有效的策略。

還有一個概念很重要：「主動與否」，當我們「被動承受壓力」時，最常陷入「焦慮」無所措，一旦認為大勢已去，就會撒手自動放棄。理情治療的觀點，旨在讓人們從「被動」轉為「主動」：「接受、分析、策略」，轉成自己可以掌握的狀態。

當然，不是跟小孩講這個理論，而是簡單說：「先接受情緒，再想辦法解決問題。」知道自己會軟弱與害怕，反而能接受現實，當情緒有所釋放，認知就能開始運作，試想有什麼解決策略。搭錯車故事可以摘要地說，「我當時害怕極了！但不會完了，可以找公車司機求助。」

我再說一個故事，國中時曾被派去代表班級在全校晨會抽題即時演講。我當時大概人緣不好才被票選推去送死，剛開始時很抗拒，也很怕在台上說不出話而丟臉，不過即使慌張，事情還是在那邊，所以冷靜幾天後就接受了事實，並試著解決問題。我先找出範圍內的可能題目，東抄西抄幾篇稿子「死背」，就當自己是讀稿機，至少還能講幾分鐘的話充充場面，有了策略就相對心安，同時也放低期待，低空飛過就好。結果演講當天猜怎麼著？下豪大雨，宣．布．取．消！也不擇期再辦，果然認真起來全世界都幫你。

孩子需要知道大人也常失敗

理情治療觀點的「接受情緒、理性分析、有效策略」很有用，不過仍然需要多次練習，事後書寫分析大概要花四十到六十分不等，初期也還是會失敗、搞砸。不過失敗本來就是常有的事，但只要不逃避，從屢敗屢戰的經驗裡，慢慢會抓到成功的要訣，這才是「失敗為成功之母」的意思。只是社會並不喜歡失敗，才有「失敗就會丟臉」的情緒連結，小心別讓孩子學到這種社會化情緒。

「糗事」是接受自己的失敗，並以詼諧觀點讓它變成「常事」的轉移，為此大人要常說自己的糗事，孩子才會知道「大人也是常常失敗，沒有關係的。」

我曾經從演講活動中帶回小魚，是一般夜市撈金魚的那種，然後養在清空透明的塑膠餅乾桶裡，養了將近一個月，起初孩子還覺得新鮮，但後期幾乎都是我在換水、餵飼料，他們偶爾來關心一下而已。有天心血來潮，覺得用清水搓洗不夠，我自作聰明用清潔劑洗了魚缸，沒想到殘留物害死了那群魚。孩子們覺得惋惜，但卻非常直白地說：「都是爸爸害死了魚！」而且逢人就說，像是抓到爸爸的小把柄之類的相當開心。

我犯的錯讓他們去講，不用反駁，但也會告訴他們不要太超過了，練習平等的說話，往後他也可以這樣跟我討論。讓孩子看見與知道大人也會犯錯，大人不避諱談這個，大人也常失敗、並不完美，就能增加與失敗共處的容許性。失敗了也沒關係，往後若孩子遇見失敗就比較會放過自己。

可以這樣做

多分享自己的失敗

刻意去講這些事可能有些奇怪，像是要訓話一樣，建議當睡前故事或機會教育來聊，分享時有一些重點：

1. 分享自己的糗事：糗事可以是失敗經驗，也可以是小私小利的不正經事，旨在傳達人非聖賢，不用時刻都要正確的選擇。例如我曾分享國小下課時邊走邊吃零食、買校外零食而被糾察隊記名的事，次數多到當月被帶去晨會講台上被校長公開譴責：「這些小朋友是本週被記最多違規的人，大家要引以為戒。」偶爾違規沒關係，尤其是爸爸更要常說，才能傳達生活可以輕鬆詼諧，不必總是嚴肅和正確。

2. 說出解決問題的具體作法：坐錯車的故事還有續集，後來有一天又等不到公車了，同樣等了一小時多，基於上次經驗，我決定直接走路回家。公車車程三十分鐘，小朋友走路就要很久，但還好坐很多次了，路線也不算複雜，應該可以的。我決定了就開始走，一路走走停停，渴了水壺還有水，累了就坐在路邊幾分鐘，對照街景與建築物，篤定方向是對的。小學三點半下課，等到快五點沒車開始

走，當我走到家的時候已經晚上七點了。那時代沒手機，當我走到家門口時，母親正好要出來找人。

如果真的遇到難題，什麼是自己可以調整的部分，可就那個部分做改變，讓它變成可以控制的，當時等不到車就走路回家，至少不會再心急坐錯車。當然不是鼓勵孩子也這麼做，而是說很多事都還有選擇，再想一想怎麼辦，不要太快覺得不行。

3. **失敗時要換角度**：孩子在組合模型時，某組凹凸合併的零件推不進去，他解決問題的方式是「用力」，不對就「更用力」，然後「瘋狂用力」，他重複同一模式，只是力道不同。用力的結果把零件折斷了，孩子會罵零件很爛，也會氣自己為什麼弄不好。

孩子看不見事情全貌，其實零件是「轉」進去的，他不懂還有別的解決辦法，於是只用舊方法，卻越做越失敗，累積更多挫折經驗，好像鬼打牆永遠都不會成功。失敗故事也是在教孩子解決問題時要用不同角度，不成功也不要急，先好好觀察，然後改變方法或用工具輔助。事情不成，一定是有哪裡卡住，不是做不到，或許就像積木組合時的角度不同而已。

6 與導師溝通 保證孩子接受公平的對待

兒子小學四年級的某一天，我接到學校學務處的電話，是性別平等委員會的老師，他說：「您的孩子涉及性騷擾女同學，在此先告知您一聲，日後若需要調查可能會請您來學校協助。」語畢就要掛電話。

我感到驚慌，不敢相信，但又一頭霧水，奶爸跟孩子朝夕相處，知道他的個性，實在不認為會這樣，連忙問老師到底怎麼回事。

「幾位男生起鬨，其中一位去言語騷擾女同學，事後我們問他，他說是您的孩子威脅唆使，若不去講就揍他」老師說。

「我的孩子是不會威脅別人的，你們確定是這樣嗎？」這真是不可思議，難道我的孩子有另一面人格嗎？

我的孩子性騷擾他人？

老師向肇事孩子們告誡嚴重性，性平事件會主動辦理，往後會個別約談，初步調查中有人表示聽到這段話，而我的孩子解釋那不是他做的，卻無法把過程交代清楚……。

我非常不悅，老師採信肇事者說法（孩子被責問時，本能會自我防衛，推託是其他人害的），然後有人附和，而我的孩子無法為自己辯駁就被以為心虛，又被暗示他身材最高大，所以……老師雖沒明講，但已導向「您的孩子是主謀之一」。只有我明白我家孩子面對驚嚇時會說不清楚，倘若他鬼迷心竅做了也就認了，但這通電話裡我只是被告知：「一種推論的結果，並要我有心理準備來學校一趟」。資訊沒有因果，只有結果，很難讓人接受。

被論定的告知讓人生氣，然而在電話中無法說什麼反證，百口莫辯，於是我這樣回：「好，孩子回來我會好好了解他的說法，請老師也要確實調查事情經過。孩子做錯事第一時間容易緊張、說不出話，甚至說謊撇除責任，請你們要留意。」最後，補上最重要的一句：「我自己在大學工作，也知道性平會的程序，有需要儘管叫我去，如果調查有失公允，我也會到校追究申訴。」

老師是孩子出家庭後遇見的第一個權威人士，孩子們敬畏，當被這樣警告更會感到事態嚴重而驚呆，不敢為自己辯護。此時家長更要聽孩子解釋，而不是「第一時間譴責孩子」。

我的童年：大人不一定都是對的

我國小五年級時，班導師發給全班某展覽的優惠券，那看起來就像是廣告的促銷券沒特別吸引人，加上家裡應該也不會去，於是我隨手撕成四片準備丟掉。還沒丟就看到班導氣沖沖走過來，大聲斥責我在做什麼，叫我站起來，賞、我、一、巴、掌（搧嘴呸），在座位上罰站直到下課。

被打臉很想哭啊，但在同學面前又必須忍住，我一點也不明白哪裡做錯，老師給了不就是能自由處置嗎？既然被老師打，就知道了這樣做應該是錯的，但不明白為什麼（原來是不給老師面子），而更後面才感受被賞巴掌及罰站是令人羞辱的，還好當時夠遲鈍，還可以假裝沒事。

大人不一定是對的，老師也是，反應有時也很情緒化，但因為孩子敬畏老師，講不出老師哪裡做錯，便會歸因是自己的錯，回家不敢跟大人講，養成日後委屈自己或徹底對抗權威的兩極情緒。

心理學觀點：詢問孩子發生什麼事，請關注「具體作為」

在教導孩子何謂對錯時，別把孩子認為是「小大人」，以為他頭腦精明，只是身體沒長大，這完全是相反概念，發展心理學家皮亞傑（Piaget, 一八九六至一九八〇年）做過研究，孩子腦部在十二歲前都還持續在長。

皮亞傑的認知發展論（cognitive development）提到小學階段（七至十一歲）大腦是「具體運思期（Concrete Operational）」，操作具體物幫助思考，從體驗中學習解決問題，因此很適合「建構式教學」。十二至十六歲時則是「形式運思期（Formal Operational）」，能運用邏輯思維、抽象概念，能用假設、類推、求證等法則思考問題。簡言之，必須到十二歲後，語言表達、邏輯推理、同理心、控制衝動、道德規範等高等功能才會完全成熟。

中低年級的孩子難以清楚地跟大人溝通，他們反應仍以情緒優先，孩子有可能做錯了但是反應不過來，事件發生時若審問他們，當然也都是害怕情緒的本能防衛，像「都是他先弄我的！」、「沒有，根本是你先說我好不好！」這類有理說不清的狀況，而那些乖巧沉默的孩子，其實只是表面順從，內心一樣很受傷。

我曾經接過國小老師傳的LINE，內容很短才七十七字，大意是「你的孩子和同學一言不合，在打起來前已制止，感覺孩子情緒浮躁，請爸媽多關心。」接到老師通知，家長當然下意識會想是不是孩子在學校闖了什麼禍，給老師添了麻煩。

我先冷靜，晚上問孩子事件始末，起初他支支吾吾說不清楚，於是發揮心理師角色：安撫情緒、詳細追問、串連線索，接受孩子為自己辯護，並再三說明爸爸只是要知道「到底發生什麼事而已」。

在拼出完整事件後，我發現這與老師所轉的「七十七字簡述」相差甚多，老師就行為上以為雙方都有錯，但兒子是被對方再三糾纏被激怒的，結果老師未經調查，認為打起來就是不對，還加上「感覺孩子情緒浮躁」的論斷。這種因果模糊的簡訊，一來家長搞不清楚實際發生什麼，二來被暗指孩子情緒失控是家長沒管教好，反而造成更多誤解。

家長不在學校無法理解全貌，若老師也無暇細問，只要描述「行為事實」就好，不要放評價與結論。例如孩子打架，一定有發展進程，若僅用「孩子受傷程度」

來論結果，「看得見的傷」就成了優勢，打人的固然不對，但前期的攻擊語言也是傷，又怎麼判斷誰傷得重？為避免二分加害者與受害者，絕對不要用「結果論」判對錯，要花點時間了解脈絡和因果（尤其女生間的排擠是隱形暴力），過程越細節、邏輯清楚，就不會有太大爭議。

無論事實如何，孩子回家後父母一定要傾聽他自述的前因後果，過程中他在乎的點是什麼，再和老師對照事發經過，讓衝突或違紀水落石出、就事論事，先讓孩子有安全感，他就比較不會欺瞞大人、逃避責任。

父母立場：做錯事當然負責，但也不讓孩子被冤枉

有位母親來諮詢，起初是討論孩子在校不適應，後來發現諮詢的重點是怎麼和老師溝通。

「你是不是覺得老師有些不適當的行為，但是你不敢確定，不敢跟老師溝通說他的不對。」我直接問。

「嗯對。我很擔心去講，老師態度那麼硬，萬一之後在班上對我們家小孩怎樣，那該怎辦？」媽媽這麼回答。「害怕導師報復嗎？」我問。

「對啊。還是說，你認為直接去找校長比較好，在國小工作的朋友也這樣建議。」媽媽困惑著。

家長與老師的互動一直很微妙，過去威權時代「老師」是學校的權威，孩子交給學校就是聽老師的，那時家長會說「老師，若他不乖厚，盡量打沒關係」，後來時代轉變，強調兒童權益和人本教育，老師權力弱化，某部分家長變直昇機父母，老師怕家長告，家長也怕老師弄孩子。老師和家長彼此都害怕講得太白，怕傷到面子與尊嚴，兩者之間要怎麼溝通真有點尷尬。

我當父母的信念是，優先保護孩子，做錯事當然負責，但也不讓孩子被冤枉，所以一定要讓孩子表達他的觀點。我會讓孩子知道他可以放心講，告訴他我的立場是：

1. **讓孩子知道父母是保護他的**：「什麼是孩子的責任，什麼是大人的責任」，原則上，孩子間的衝突讓孩子自己學習與處理，其中若有大人干涉，像是性平會的調查，就需要父母在旁保護。我的保護不是讓他不必負責，而是「讓他被公正、公平的對待」。包括：確認行政程序是否公正、被調查時是否感到安全、調查結果是否合理。在此前提下，如果確認孩子犯錯，我會帶孩子坦然面對錯誤，但反過來的，若是被學校便宜行事，「社會事」不該孩子承擔，我就會抗爭到底。

2. **教導孩子「大人也不一定正確」**：在諮商時，若遇低年級的孩子懼學，根據實務經驗，多數都跟師長有關，因老師是學校領域的權威，導師的處理態度會影響學生、影響班級。所以，更要告訴孩子，大人也不一定對，父母也是、老師也是，這個說法多少可抵消孩子的自我譴責。接著讓他知道有任何情緒都沒關係，我們會一起想辦法。

3. **父母要負責跟老師溝通**：不要讓孩子傳話，父母要負責跟老師溝通。一些人以為「溝通」是去吵架的，這往往是溝通前已累積太多誤解才心有芥蒂，以為溝通等於衝突。父母當然心疼孩子，故溝通前先梳理好情緒，找人聊聊宣洩，冷靜後問自己想得到什麼，再表達訴求，同時也顧慮導師可能會有的壓力處境（像是學校規範、主管評價、個人狀態）後再做溝通。

性騷擾事件後，我花了好些時間去釐清來龍去脈，協助兒子回想細節，他說是他們在起鬨，但他並沒說「不去講就揍人」那句話，他回想應該是甲同學說的，但是乙同學聽成是他說的。我問他為什麼老師問的時候不反駁呢？他說因為自己也是起鬨的一員，覺得理虧（陷在情緒裡）就說不出話了。

兒子被通知靜待調查，他很擔心，甚至睡不好，於是好幾天我都跟他談關於被性騷擾的不舒服及性平會的必要，而爸爸保證一定會陪他並確認公正性，我也讓他對著手機錄音，練習澄清當時情況。

隔兩天，兒子主動跟女同學道歉，他自己覺得起鬨也是錯，對方接受道歉，她知道兒子從未如此，反倒騷擾的那同學是累犯才該受罰。一個月後，性平老師通知兒子不用被調查，這跟他無關，我說太好了，希望他學到尊重他人，尤其不要盲從跟著開別人身體玩笑。

可以這樣做

找老師溝通的步驟

學校的處理我並不滿意，最大瑕疵是「訊息傳達的輕率」，可以說清楚的過程卻簡略說，只告知家長要到校協助調查的結論，未顧及聽者心情。後續整個調查與處

置的過程也沒知會家長和學生，一切等通知，彷彿等法院宣判一樣。其實只要不嫌麻煩好好說，家長絕對尊重學校的行政流程。

如果孩子在校遭受不合理的對待時，父母要篤定保護孩子的立場，別先責備孩子，並主動與老師溝通，以下步驟供大家參考：

1. **事先約時間**：不要臨時跑去，先讓老師有所準備。
2. **了解老師角色職責**：老師要面對很多學生，了解越多較能提出合理的要求。
3. **說明孩子被此事影響**：如睡眠焦慮、心情低落、專注力變低等，舉出其中因果關係，表示家長不是無端找麻煩。
4. **提出訴求**：針對模糊或不合理之處，提出希望老師怎麼做的想法，互相配合。
5. **沒有回應時才提升溝通層級**：溝通無效才越級找校長，或考慮轉學。老師對低年級孩子的影響很大，如果環境不友善，轉學會比留下來對抗的好。

我知道學校老師辛苦，平時盡可能不打擾老師帶班，不過是否被公平的對待很重要，這非得去溝通不可。溝通是做給孩子看的，表示父母與他站在一起面對問題。

7 同甘共苦 要記得孩子也能安慰你

許多父母默默付出，不讓孩子參與勞苦，結果孩子不知道父母在做什麼，自然不懂珍惜，有時是孩子用心良苦卻被誤會，彼此溝通不良。透過分享兩個故事，我們會發現孩子對家中事的種種敏銳度超乎大人的認知，事實上他們很想幫忙，只是不得其門而入。

「家」是一個單位，每個人都有位置及重要性，它希望所有成員齊心面對生活，為愛互相調整。請明白孩子的心，即使他們做事效益不高，然家人情感支持就是彼此繼續奮鬥的動力。

故事一：孩子不想讀書想工作？

小明是單親家庭，家裡只有年邁的奶奶、腳傷的爸爸，以及剛上國一的他。輔導源由是小明叛逆和暴躁，他在校常忤逆老師，在家常與父親衝突。

小明父親兩年前離婚，面對經濟壓力、離婚失落及親職教養，他生活辛勞，力不從心，但他咬牙苦撐不讓小明承擔家裡困境，再窮不能窮孩子，他想辦法就好，讓孩子專心上學。

小明卻把一切都看在眼裡，他想對家裡有貢獻，想替父親分擔，既然成績不好就不要浪費時間讀書了，不如打工賺錢補貼家裡，只是父親不准，要他專心課業，溝通不良讓兩人關係越來越差。

父子兩人其實是互相照顧、互相以自己的觀點替對方著想，只是從不溝通，被誤解後小明情緒無處宣洩，在校就常暴躁失控。

故事二：「要記得帶我們走」，過於冷靜的孩子

四十歲的夫妻常因金錢和生活吵架，幾乎每次都吵到要離婚，他們有三個孩子，每次吵得兇時就叫孩子進房間去，想說不要讓他們看到就好。不過孩子隔著房門聽父母大聲爭執，是更嚇壞在裡面一直哭。

後來哥哥就不哭了，反而冷靜地向弟妹喊話：「沒關係，他們又來了，就讓他們吵到離婚吧！」

哥哥才小學三年級，這個想法好像大人，媽媽有點嚇到，連忙說爸爸媽媽沒事，哥哥卻說：「你如果要離開，要記得帶我們走。」

媽媽一時不知道要說什麼好，好像心事被知道了一樣。媽媽確實想先離家一陣子，但又不希望孩子上學受影響，怕給孩子不好的榜樣，她更擔心說出這句話的哥哥，是否也太冷靜和早熟。

我的童年：孩子只要負責讀書就好，什麼都不用管？

「孩子，你只要負責讀書就好。」其實我小時候也感受到這種氣氛，除了上學相關的事，大人從不說自己的事。可是家裡的一切我都看在眼裡，有自己的解釋，例如有一次父母和鄰居吵架，我們住家與他們店面僅有一道木板牆，晚餐時兩邊還在對罵，互相聽得見，當時雖然不懂為什麼，但即使是小孩也要參戰。

我用力拍牆壁表示反擊，鄰居大喊：「夠了喔，你叫小孩來弄什麼意思？」我更感到義憤填膺，心想以後不再去鄰居開的文具店看免費漫畫了（鄰居表示：太好了！）。結果沒兩天，父母跟他們打招呼，跟沒發生爭吵一樣，讓我一頭霧水。對錢的觀念也是，不知道為什麼我觀察到家裡對錢的緊張，以致我也變得斤斤計較，很愛「省錢」，養成買東西要折扣或特價品的習慣。我存錢不是勤儉持家，而是怕沒錢、很沒安全感。

童年時父母也常吵架，導致長大後我也怕衝突、不太敢溝通，家裡曾有的言行舉止，潛移默化地傳遞了價值觀與生活態度，形成孩子某部分的處世風格。

心理學觀點：家庭是一個系統

傳統教養認為，不必讓孩子知道家裡真正的狀況，好壞由大人承擔，再苦也不能苦孩子。然而，家庭影響孩子最大的是隱藏在身教與言教中的「情感價值」——該怎麼做才是對的、該怎麼表達才被爸媽接受，父母的觀念與示範對他們而言是絕對的。家是孕育我們的初始之地，家也是孩子的全世界，他們靠家裡學到的價值和行為去適應社會。

家族治療理論認為「家庭是一個系統」，人們並非單獨存在，成員之間互相影響，在治療時不能只看當事人，還要觀察他所處的家庭環境與成員關係。在亞洲文化裡並不陌生，重要順序總是「家族」、「家庭」，最後才是「個人」。

孩子被家庭影響最常見的幾種異狀，例如：①「代罪羔羊」，意指父母把情緒轉嫁到孩子身上，並認為是孩子不乖才導致家人衝突，有的孩子甚至自願變成代罪羔羊讓爭吵的父母轉移焦點而休戰。②「三角關係」，意指父母其中一方與孩子結盟對付另一方，如媽媽與孩子一起數落爸爸不夠負責，彼此對立，讓孩子被綁住難有自己的想法。③「早熟孩子」，意指家庭結構不穩定，父不父、子不子，孩子反變成父母的父母，照顧角色顛倒。家人間溝通模式也有影響，心理學家薩提爾（Virginia Satir）提出「討好、指責、超理智、打岔」等溝通型態，指家人間避談情緒卻挖東牆補西牆的維持表面和諧。

不溝通不說，以為孩子就不知道嗎？孩子全部看在眼裡，反應兩極化，乖巧的會以為都是自己的錯，反抗對立的就會早點離開家。家人間的情緒議題被掩蓋，孩子長大重組自己的家庭，未解決的困擾還是會重現。

把孩子當小伙伴、向孩子尋求安慰與依賴

我認為該把孩子視為也有功能的家庭成員，而不是只有被照顧或扯後腿的，其

實孩子既可以是父母的小伙伴，也可以是父母的情感寄託。有時陪睡後我喜歡看孩子睡著的臉，凝視良久，從孩子情感的單純、天真裡得到力量，有時兒子會在吃飯時主動留一份餐點給晚到的我、女兒會主動做節日卡片給我，都會讓爸爸覺得也被照顧了（雖然比日本製的壓縮機還要稀有）。

我們用新的概念來重新解釋最初的兩個故事吧！

故事一解方：把孩子當小伙伴

故事一裡，小明不是叛逆而是擔心，他掛念父親的辛苦，同時認為自己書讀不好還浪費錢，於是想出不如去外面工作的想法，只是這些過程說不清楚，父親又堅持孩子本分就是讀書，結果互相衝突。

很多家庭面對困境時也是這樣，認為不必讓孩子吃苦或知道太多，反正也幫不上忙，又何必增添他的煩惱。可是這些煩惱是藏不住的，孩子能從生活裡找到蛛絲馬跡，做出一個他應該怎樣幫忙的結論。

大人與孩子對家庭困境的資訊不同以致結論不同，結果本是善意的作法卻彼此誤解，大人覺得已經夠忙了還幫倒忙，而孩子覺得我願意付出還被罵，根本自己人打自己人。

把孩子當小伙伴吧，好好跟孩子共享家裡實際狀況，資訊越清楚，越能同舟共濟，告訴孩子哪些能幫上忙、哪些不行，記住「孩子想要成為家裡的一份子，想要同甘共苦，並得到大人的肯定」，那大人就負起指揮讓他幫忙吧，像是分工他能做到的家務，事後再謝謝他的幫忙，如此一來像小明這樣的孩子才能安心上學，願意把希望放在未來。

故事二解方：向孩子尋求安慰與依賴

夫妻吵架在所難免，但我們不必一直裝堅強，也能向孩子尋求安慰與依賴，因為孩子愛父母也是無條件的愛。

當我們覺得沒人理解與接納時，請主動去抱抱孩子，哭出來也無妨，不用擔心哭給孩子們看，那是真實的情緒表現，讓孩子為我們擦擦眼淚、拍一拍吧。我們得到安慰，孩子也學到可以展示軟弱。

孩子雖能感同身受，但無法用言語表達，所以別期待他們能正確同理，我們需要他們做什麼就「直接明說」，例如請他聽媽媽說話、幫爸爸做家事、牽手陪睡覺。

大人依賴孩子其實是「情感支持」而已，接著大人會設「時間」，讓孩子和自己知道，依賴是救急不救窮，讓孩子可以擔心但不必過分擔心，差不多後就會振作起來。

通常大人的能力會被高估，所以實際遇到困難不要獨撐，後續要向親友或專家尋求協助；也別小看孩子，通常孩子的韌性會被低估，如果家庭有危機，其實能承受壓力的反而是孩子，他們還有可塑性，才沒那麼脆弱。把現實狀況跟孩子明說並討論吧，「家庭是個團隊」，共體時艱。

「依賴孩子」的概念很少人提，但其實很多父母早已偷偷依賴，不如在台面上明確地表達不是更好，父母可以為了孩子堅強，孩子也同樣能為父母展現韌性。

可以這樣做

平常跟孩子聊聊自己的事

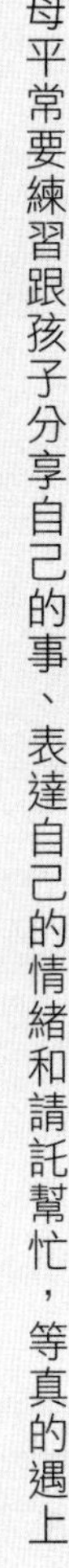

父母平常要練習跟孩子分享自己的事、表達自己的情緒和請託幫忙，等真的遇上困難時就能自然地全家一起商量。

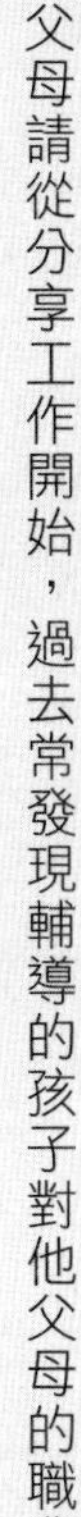

1. **分享自己的事**：父母請從分享工作開始，過去常發現輔導的孩子對他父母的職業

只認知到「要上班、要賺錢」，其餘的什麼都不清楚。跟孩子談談父母工作的內容吧，那是什麼？要花多少時間與精力？父母的工作在社會有什麼位置？以他聽得懂的比喻，讓他知道他的父母在做什麼。

2. **表達自己的情緒**：如果下班後真的很累，不妨主動告知孩子自己的狀態：「我需要休息、獨處。」並明確說明時間、地點，如「媽媽很累，我去臥室躺半小時喔。」孩子越清楚你怎麼了，反而能懂事地不吵你，這也能讓他學習時間概念。不過孩子是很守時的，約好時間一到就要對他回應喔。

3. **請託幫忙**：孩子並非天生懶蟲，他們其實更期待有事做，並從中得到肯定與讚美，此時父母可以安排機會讓他們表現，事後給予讚賞，讓孩子覺得自己真是家裡的一份子，與有榮焉。請託孩子幫忙吧，但不要用理所當然的態度，要強調他們的重要性並給予肯定才是重點。

「父母越廢、孩子越強。」指的是家庭關係會互相補位，因此父母要練習表達自己的情感、連結親子關係，與孩子「一起經營這個家」，別讓孩子「在心理上是一個人長大」，要同甘共苦，要記得孩子也能安慰你。

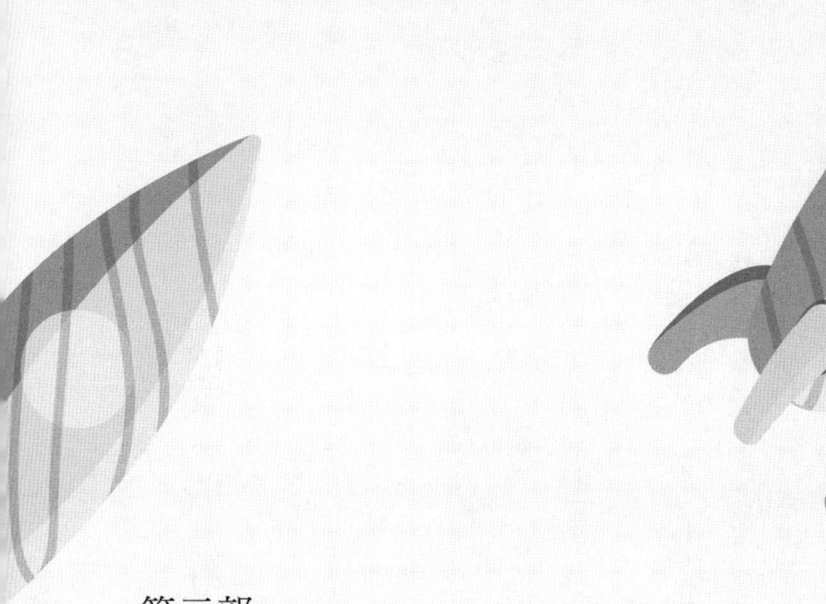

第三部

父母有自己的定位，教養更上手

1 我當爸爸了
接受「成為父親」的自覺

醫生的手握著塑膠把柄，在沾滿透明凝膠的圓型肚上來回探索，電腦螢幕浮現黑白粒子聚合的影像，模糊的你仰著身體，盤著小腿，沉靜地享受羊水世界。你轉頭，黑圓的眼睛與我正對，一段很永恆的時刻。

出生前二十天：致想像中的你

每個月看著畫面，看著你逐漸長大的身形，我想像一個小小胚胎的演化，從蠶豆到拳頭大小，從脊椎動物到人類雛形，生命發展就像神蹟，而我是它的守護者。

三個月時，親友連番祝賀：「恭喜恭喜，喜獲麟兒！」說實話，我還不知該怎麼「喜」法。你在我身體之外，我只是看數字及手掌觸感來想像，宛如摸大象的盲者；更甚者，還要藉著想像畫面來想像感受：「一位爸爸該怎麼高興地歡迎兒子的到來？」

「喜」是想像的，「哀」是邏輯的。就像去年無緣的另一個孩子流產，我也無法體會你媽情緒的失落與歇斯底里，就生物學來說，失去的是一個幾公分的胚胎，但從關係來看，你媽卻被挖空了一部分，而我還在迷糊，不知該讓自己難過到吃不下飯，還是看開生命總有時，當我習慣跳過情緒（真有情緒嗎？）一股腦兒地負責家務後勤，卻讓你媽誤解我是個「無情者」。我不難過嗎？嗯～比較像是遺憾。

五個月後，我開始「愁」，為了你是否正常發育，我參讀百書規劃你媽健康作息與飲食，但她說我不懂。男性在育兒領域的見解，從來不被正視，身體是她的，你也是她的，我只能在旁乾著急，憂愁各種困境的最壞打算。

還好，過程一切平安，而你也比預期的更重、更有活力。

七個月時，你翻來翻去像深海蛟龍，我手掌緊貼肚皮與你同在，媽媽說你越來越不安於室，像是來折磨人的讓她日日失眠。媽媽一天到晚跟你說話，自命是你的代言人，發洩情緒時總愛拉你一起，說什麼母子連心，就爸爸不貼心，我總莫名其妙被打幾記悶棍。

八月天回到南部，曾祖母屋後的龍眼老樹依然建在，果實纍纍，那天帶竹竿爬屋頂溜習摘果趣，爸爸三歲前是在山城長大的，每天陪曾祖母爬山作早課，那時候無論對山對人都有好自然的情感，希望也帶你來採野生龍眼。

準備成為爸爸還真沒什麼感覺，但是不去想像不行，房間布置好了，嬰兒用品買齊了，看著你在超音波顯像儀裡長大，才能想像你的存在與到來。

九月中，就是見面的日子，希望你們母子平安。

「父親」很難憑空誕生，需靠外在條件的提醒

我曾跟妻子討論過，不想生也沒有關係，孤兒很多，無論哪個孩子都是生命，我們可以領養。妻子拒絕，認為這是不一樣的。

後來果真不一樣，對母親而言，從身體感覺到「受孕」，跟孩子的連結就開始了。人與人之間的關係需靠時間接觸與培養，而懷胎過程就開始認列了，胎兒會回應心跳、震動、踢腿表示存在，大概不是男性挺著肚子卻是脂肪與宿便所能比擬的。

父親，無法像母親一樣內發變成，而是外在諸多變動與自我想像，逐漸撼動男性，他才意識到要成為父親了。

在安娜．麥菁（Anna Machin）的《父親養成指南》裡，男性對於那個看不見、感覺不到的寶寶，必須努力靠著想像力，對「未出生的他」有所期待，並在周遭的提醒與實務操作下，「做為父親的意識」才會誕生。她做研究與訪問後，整理出兩個外在條件的促發：

1. **刺激與想像：**讓父親貼在肚皮上聽孩子的心跳，或布置嬰兒房等實際接觸，透過五感的刺激想像一個生命的到來，形成對孩子的期待。這些間接的行為能與孩子建立關係，就好像期待一個禮物來臨，怎麼被想像是關鍵。

2. **被賦予認同：**根據調查，參與懷孕與生育過程的父親們，比較能在孩子出生後成為盡責的父親。看到寶寶出生後的第一面、聽到寶寶的第一個哭聲、第一次抱孩子（天啊，怎麼這麼軟！）、第一次餵奶、換尿布，都會感覺自己與孩子之間的獨特聯繫，成為認同父親身分的情感樞紐。

在產房的經驗非常重要，醫護人員的態度若是看重父親角色，給他一個實際的位置參與，教他如何協助伴侶，日後他也會認同自己親職的重要性，而不是說「反正我就是不會」。

出生第一天：你來了！

妻子催生了一天一夜，每兩小時量陣痛強度與再觀察，長久不得安眠後，最終決定還是剖腹，我也終於鬆口氣。手術房外半小時，我與親戚無神地等著，不是沒有情緒，而是在折騰與等待中疲倦了。

然後，你來到這世界。

響亮卻淒厲的哭聲（真是鬼哭神號！）、修長身形、四肢反射地揮動，宛如是來到這世界的宣示。

親戚一擁而上，護士冷靜地報告身體健全、胎記，我不是很注意聽，因為眼睛直盯著你瞧，一個傳承於我的生命。

片刻寧靜一下被打斷，親戚拿起相機，護士急說：「別用閃光燈！」我生怕你被不小心推擠，馬上自願拍攝，在眾多親戚唧唧呱呱的這裡像誰、那裡像誰聲中，留下了你的出生照，然後你就被推回去了。

「當父親的感想怎麼樣？」當時我問自己。自從知道是兒子的那一天起，我就在準備如何當你的父親，如何當你的榜樣。養，不是問題；以身作則，才是重點。為了你，作父親的得自我成長，不能再說懶得面對人群了，因為你會看；不能再壓抑情緒，免得以後你也是苦悶小生；不能再罔顧正常作息與飲食，不然怎麼要求你健康的生活。最重要的，是生命裡要有夢想與熱情，要有奉獻服務的對象，這是我首要傳承的。不過至今自己還是心虛，所以也感到焦慮。

這些以後再煩惱吧，這幾天必須同時照護你和媽媽，而且昨天還沒睡好，想教養還太早，繼續睡覺才是真的。

父親內在條件的促發：一段期待的新關係

在孩子出生後，禮物想像變成現實，而實際接觸後更能激發男性的父愛，產生更多行動及親子關係。

安娜．麥菁提到，在孩子出生前，要讓一個男性維持想像力並努力保持「父親與孩子」的連結，背後一定要有推力，否則新習慣的養成相當困難。父親內在條件的促發，有兩股推力：

1. **與妻子的關係品質：**跟母親愛孩子是「從己而出」不一樣，父親對孩子是「愛屋及烏」的概念，先愛妻子、再愛孩子、愛這個家。與妻子關係品質越好，彼此相愛，未來能攜手共進，對兩人愛的結晶就越有期待，當然也就越能維持想像去想：「那是我的孩子！」倘若兩人關係不穩定，常常衝突，彼此都搞不定，那麼新生兒的到來反倒是一種壓力。

2. **接受自己成為父親：**男性怎麼看待父親角色？是融入一段家庭關係的參與者，還是一位勞動者（父親＝付清？），又或只是社會責任而已（不孝有三，無後為大），都會影響未出生的孩子形象是期待還是累贅。最好由妻子肯定他：父親是最重要的參與者。

「成為父親」的自覺與誕生需要實務、情感和知識，也包括外在認同和內在推力，之前沒人教，要在短時間內面對這麼多改變，又沒前輩可討論，其實新手爸爸很需要協助，多給他們肯定與指導吧，否則他們外強中乾，就算害怕極了也不會說的。

出生第二天：母嬰同室，還有爸爸

沒多久護士阿姨抱你至媽媽胸前，讓你伏趴認得她的氣味，我在一旁看的有趣，心想你是怎麼想眼前這個龐大的依附體。媽媽說：「我是媽媽喔！我是媽媽喔！」我說，「嘿嘿！我是爸爸。」不過我想你聽不懂吧，這只是兩個怪聲音。

第一晚我們選擇了母嬰同室。

我再來的時候是晚上八點多，你一直在睡，偶爾眼睛睜開，環顧一下就又睡著。我注視你的小臉，一個鐘頭、兩個鐘頭，壓根忘了陪產過程的疲勞。

我可以專注地看你，滿心歡喜地看你，期盼你快樂地長大，不求任何回報。原來，有一個孩子是這樣的感受。

我抱著你哄睡，唱歌給你聽，那首歌叫〈奇異恩典〉，我重複哼著，邊哼邊走，邊走邊哼，兩個鐘頭又過去了。

凌晨一點多，你們都累了，沉沉睡去，我在黑夜裡守護生命中最重要的兩個人。房間開著小燈，很安靜，我坐在床邊的沙發看著你們，其實我也很累，身體頻頻發出疲倦感，卻不捨得睡。這是你來世界的第一個晚上，說什麼也要在陪在旁邊，想像著你怎麼想像來到世界的感覺。「嘿嘿！我是爸爸。」也許今晚的你也作著夢，夢見我們的未來。晚安！

成為父親大概沒什麼前例可循吧，只能提醒自己持續探索，其中要緊的是「有意識地讓自己成為父親」，也許學習路上跌跌撞撞，但「成為父親」的過程本身就是一種榜樣，修正調整、以身作則，就能是孩子路上最好的燈。

2 教養不焦慮 以愛為出發點，我的教養基本六原則

出生後兩週，孩子回診所打卡介苗。當天一進診療間就大哭，針一打更是淒厲地哭。我懷疑這是後兩天他半夜驚醒、哭鬧不停的原因。

「得驚啦！」岳母說，「應該要去給人收驚」。我當然反對。嬰兒的體質虛弱，哪經得起再一次被作法的人嚇到。

受驚夜哭

自己讀心理學的，當然趕緊查資料理解「得驚」是什麼，得驚就像是嬰兒的心理空間被打擾，不可控的感覺讓人不安、恐懼，大人會有各種情緒反應和症狀，但對嬰兒來講就只能哭鬧。

我們能做什麼？就是盡量陪在他身邊，在他惡夢反應時迅速安撫他、拍拍他說些溫柔話語（嬰兒聽不懂，但可以聽語調）。如此循環數天，希望讓他感覺穩定些。

不過事情並不那樣順利。尿布換了、牛奶餵了、抱著哄也沒用，繼續長時間哭鬧，常常讓我們夫妻挫折與互相責怪：「難道我們做錯了什麼？」

我拚命地想像與發揮同理：小傢伙的狀態是什麼，以及我怎麼了（為何這麼容易被他哭鬧就煩躁與不爽）。真的很累啊～有時發現是自己工作累了，下班後面對他驚慌也做不了什麼。只能接受現實，跟著他的哭聲一起憐憫自己的委屈，放空幾分鐘再說。

教養好焦慮！

年輕母親帶七歲孩子來諮詢，說孩子會咬指甲，她知道這是孩子焦慮，所以擔心自己是否在哪個環節犯了教養忌諱，才導致孩子如此。孩子在諮商室裡不太理睬陌生大叔，不過活潑好動，看起來還好。

母親是主要照顧者，父親工作忙，但假日會陪孩子打球，家裡有規矩有處罰，是普羅家庭。年輕母親百思不得其解，她常看親職教育文，閱讀網路百家，她將那些觀念比對自己的狀況，感覺很緊張：會不會是處罰傷了孩子？他對弟弟總大力拉扯是什麼問題？咬指甲是不是在抗議父母？……要注意的事好多好多，年輕母親越審視越感到焦慮。

我們身處特別的時代，明明資源和資訊比過去還豐富，但是「當父母，卻變得這麼難」。藍佩嘉在《拚教養》一書裡提到，過去在台灣「拚經濟」時代中成長的父母，如今「拚教養」成為人生重點。他們渴望成為與上一代大不相同的父母，同時也希望下一代在全球化的時代裡更有能力與機會。然而，教養這件事卻讓他們益發焦慮，不時懷疑自己是否做太少、做太多、做不好、做不對？

藍佩嘉認為，父母們的教養困境與情緒焦慮不全然是個人問題，很多來自看不見的結構力量與社會階級，導致不同階層的家庭對於風險與不安全的感受不同，進而形塑了不同的親職態度與教養方式，意思是「家家都有本自己的教育經」，不該只有唯一正確教養。

就我服務的經驗來看，過往家家有自己的教養策略，如今卻個個自我懷疑，實在是這時代太多專家了，令人無所適從，同時更多的國家法規介入（如兒少法），網路無所不在的監看（如影片分享卻被檢舉），將個別家庭的日常教養攤在放大鏡下檢視，各種互相比較，父母被內化了某種教養評價，害怕別人議論紛紛，引發照顧者的焦慮……。弔詭的是，當父母感到焦慮，孩子當然也會心神不寧，導致哪種教養策略都會無效化，引發無助感。

教養基本六原則

教養策略越複雜、越花時間的，一般來說效果越好，但就難在現代父母與孩子都沒那麼多時間，結果為了所謂正確的教養，搞得焦頭爛額、得不償失。

「夠好的母親（good-enough mother）」是英國心理學家溫尼考特（Winnicott）提出的概念，他認為只要母親足夠敏感和穩定，可以滿足嬰兒生理和情感需求，那就夠好了，其餘條件都不是必須，不需戰戰兢兢當個完美的母親。意思是，不須為了完美教養犧牲自己，不完美並不會對孩子造成傷害，而只要夠好夠用的愛，孩子就能繼續成長與做他自己。

父母要能接受生活上的限制，不需為了完美而過分焦慮，避免本末倒置，我自己在照顧孩子時，只抓基本六原則，簡單、易懂、易記，一樣夠用，讓大人有餘力、孩子有活力，而有活力的孩子往後要做什麼都會主動積極，這是比什麼都還要重要的基礎。

1. **確定你的孩子感受到關愛：**孩子要的很簡單，只要孩子能感受到父母的愛，最後都會有不錯的發展結果。在質的部分，父母要能常常「表達愛意」，用說的、用抱的，無論年齡多大，孩子都喜歡透過肢體接觸被肯定。在量的部分，父母與孩子相處的時間要夠久，即使工作很累沒力氣陪，也盡量一起活動、一起吃飯，看得到彼此。

2. **在有愛的關係下，父母容許自己偶爾犯錯：**教養孩子難免會日復一日、筋疲力竭，有時候我們會因自己壓力過多，而在管教時將情緒轉嫁孩子，導致很平常的犯錯卻讓我們暴跳如雷。「夠好的父母」能及時覺察，並以恰當方式處理自己負面情緒，例如懂得離開現場冷靜一下。

萬一還是不能避免，也請容許自己偶爾犯錯、偶爾失控，萬一體罰、不小心用言語傷害孩子，由於有愛的基礎，偶爾犯錯並不會影響親子關係的穩定與品質，但必須要求自己「事後」找時間向孩子道歉、安撫並解釋原因，以身作則表現「犯錯沒關係，但要修正改進」的態度。

3. **了解孩子的身心發展限制，十二歲前都不算完全成熟：**人類大腦的發展，高等功能如語言表達、邏輯推理、同理心、注意力、衝動控制、道德規範等，必須到十二歲後才逐漸成熟，因此在未成熟前孩子確實有「無法理解」的狀況，確實是以「自我中心」在思考的，所以似懂非懂、屢勸不聽，並非是故意的，了解孩子有可能真的不懂，自己才不會先氣炸。雖然如此，但仍要持續教導，就像背九九乘法表一樣，不完全懂但可以靠意會、背誦、練習調整行為。

4. **區別「習慣行為」與「焦慮行為」：**

↓「焦慮行為」：當長期焦慮時，無意識會直接做出來以宣洩情緒，心理學上叫「行為化」（acting out）。無意識的行為常衝過頭，例如咬指甲咬到過短、流血；以前不會，卻突然半夜一直尿床；不斷重述句子，像是「頭腦自己會唱歌不能睡覺。」、「我一直喝到生水怎辦？」……等覺得自己不能控制的話。「無法控制」是害怕情緒的一種，需要找出源由。

↓「習慣行為」：也是情緒宣洩的一種，但會在可控制的範圍，是可以調節的。例如咬指甲會咬到剛好不用剪的程度，也知道自己在咬指甲；習慣憋尿結果導致滲出來，但不致尿床；重述句子只是在遊戲，不帶有害怕情緒。十二歲前的孩子，大略會有幾類焦慮的原因：①基本需求的匱乏：食、衣、住及睡眠不穩定。②缺乏父母或主要照顧者長期陪伴。③關係創傷：被霸凌、被威脅、身體（性）傷害。

前兩項可從外在判斷，第三項則需觀察孩子是否出現與平日不同的行為，例如態度退縮、突然尿床、討厭自己等等。焦慮情緒轉成行為常有失控現象，需要父母進一步關心孩子，反之可能只是「習慣」，不需太擔心。

5. **發明屬於孩子的行為改變法：**不管是家規設立或習慣調整，想調整孩子的行為，有三種常用的方法：①「行為改變」，原則清楚地使用「獎賞」、「處罰」來增加、減少孩子的行為。②「替代法」，如咬指甲，可抱小娃娃、毛毯或念珠來替代安全感。③「跟孩子一起想辦法」，親子共同討論、集思廣益。

有些事可以慢慢調整，有些事就沒得商量，必須直接限制，比如「不能玩火」，這沒有討論空間。當孩子大些，再漸進解釋為什麼不能玩火，以孩子能懂的生活媒介作說明，盡量淺顯，或以卡通人物穿線引導：「這時巧虎會怎麼做？」

多觀察孩子，並研發專屬他的學習素材，即使孩子似懂非懂，仍要教導，靠重複練習調整行為。

6. **認知男女孩教養方式不同**：男女孩生理基礎不同，身體成熟速度及感官發展順序也不同，這些不同會反應在學習訊息的接受上，男生需要身教，運用視覺（圖形）輔助記憶，對動感反應強，男生對聽覺、痛覺也需要較大刺激才有反應；相對的，女生語言發展快，有同理心，可以言教，五感敏銳，但容易受驚嚇。了解男女生的差異在教養上比較不會誤解孩子的反應，以為他們又是故意的。（可參考「第一部第七章」）。

現今教養資訊太多，就算全部看完也難以全做到，但父母不需過度焦慮，在有愛的關係下，不會「少了什麼就全盤崩壞」，孩子有自己的發展時程，父母則是園丁，成為一個夠好的父母就行，對孩子的發展就有正面影響。「夠好」是一個觀念，在自己的能力範圍內付出就好，自由自在作自己，父母可以如此，孩子就會跟進。

3 身為好榜樣，一起去世界冒險
就是要爸爸教

電影《企鵝公路》以奇幻劇情描述小四學生對世界的探險與內心成長，他喜歡觀察環境、社會現象和人們情緒，並寫下筆記分析。

他的父親是位學者，常跑國外做調查，在家時繼續思考研究學問，雖然他們相處時間短，主角可是一直期盼自己快點變成像父親那樣的大人。當主角對某些事苦思不解時，他想起父親教的「尤里卡」，一種儲備靈感的操作方式。

「尤里卡！」深印在小四男童心裡

「尤里卡」是希臘語，意指發現靈感時不由自主發出的驚嘆聲，好像咒語一樣的靈光乍現，突然就知道事物之間彼此的關連。

父親教男孩不用急著想破頭，如果卡住時，就……

1. 先把那些「認為不可思議的事」、「發現的小細節」全記錄在一張紙上。
2. 不斷地端詳那張紙，思考這些記錄的組合變化，彷彿它們在腦海裡自由飛翔。
3. 如果這樣還是無法理解，那就停止思考，先好好「玩一場」、「吃一頓」、「睡一覺」。
4. 在做這些事的時候，本來分散在腦中的那些東西，會在某一刻突然出現連結：「喔！原來它們是這樣」，那就是尤里卡。
5. 然後放心照自己所想的執行吧。

就心理學的角度，當意識卡住時，潛意識會用自己的方式組合這些元素，但必須先讓意識放手、休息，所以先去玩一場是有道理的。主角照著父親教誨得到新看法，這是父親的獨特教導提示，孩子進入世界的冒險要領，善用己力度過困難。

父、母親被期待的功能不同

母親有生理哺育及親子本能，在「建立關係」上是嬰兒最初的重要他人，她對孩子無條件的愛，讓孩子也能以同樣眼光看待自己，並從共生關係裡長出「自我（self）——我是一個怎樣的人」。大衛．布魯克斯（David Brooks）在《社會性動物》寫道：「最初的愛是另一個人給予的愛，嬰孩用母親賦予他的形式去認識自我，多年後，他才能用自己的定義再次認識自我。」母子關係並不是依據做事的多寡，純粹是無條件的愛，母親對孩子如此，孩子也如此看待母親。

妻子在懷第一胎時第二個月小產了，她陷入情緒低谷至少半年，對男人而言，實在認為「胚胎」不過是「未成型的細胞」，可對一個母親而言，卻已是兒女的靈魂，懷胎的微微身心變化都是生命信號，視同「兒女在說話」，這真是身為男人難以體會的。母親連結生理本能及無條件的愛，是孩子關係最初的安全堡壘，那麼父親呢？

父親當然也育兒，像是煮飯、打掃、洗衣、帶孩子上下學，甚至當初我還「父嬰同房」，孩子抱整晚、把屎把尿，變成從此再也睡不好的人。但即使是家事全包，父親育兒仍有別於母親，對孩子來說，父親是外來的第三者。父親的身分不是在出生那一刻就有的，而是生活裡由媽媽介紹來的關係，媽媽說好他就好，是慢慢建立的。

因此，只做家事的父親充其量不過是「媽媽二號」。我的孩子童言童語：「爸爸去工作，媽媽在家陪他們就好」，原來孩子期待爸爸賺錢（買玩具）、萬能（修理玩具）、有問必答（玩具為什麼會壞掉），以及假想遊戲中爸爸來當壞人或魔王（玩伴），而媽媽還是照顧他們的核心人物。

父親育兒的獨特性

孩子天性對父母有二分的認定，一軟一硬、一黑一白，並呈現出分歧的認同與步調，因此父親育兒不能與媽媽比較，要有自己的獨特路線。

義大利精神分析學家魯伊基·肇嘉（Luigi Zoja）認為，與母親相比，父親的特色是：「是教孩子騎腳踏車的那個人……，能將兒子或女兒帶進今天複雜而多元的社會。當父親的首要任務是成為『陪伴孩子通過某些必要磨難』的角色，關心孩子的個性，促進孩子的特殊性……。」

學騎腳踏車，不單是學一項技能而已，學習過程要面對未知、挫折、疼痛，要學習自我控制與延宕滿足，若僅是母親的保護，可能直接就避開此風險，而父親的冒險原則可彌補、平衡母親對孩子的過度擔憂。父親的任務是教導、示範和帶領孩子進入世界，學習生活的必要技能，並陪伴他通過必經的困難。

在兒童期，父親的獨特性可以這樣展現

1. 「認可孩子」——把孩子舉高高：對於三歲以下的孩子，把他舉高高、讓他坐在肩膀上、抱起來迴圈旋轉，這都是父親的體型與力氣才作得到的事，也是一位父親認可「這是他的孩子」所做的事。

2. 「跟孩子玩耍」——體驗與創新：孩子在肢體上的活動，常是打打鬧鬧、精力旺盛，像是混戰扭打的遊戲、緊張刺激的探險或打球騎車類的技能，通常也需要父親角色協助或較勁，並允許一定範圍受傷也沒關係的態度。

相對於母親喜歡較安靜、較安全的交流，父親提供了有點害怕卻又好玩冒險的互動，逗得孩子興奮大笑，體驗複雜情緒。當遊戲必須結束時，父親也是拒絕他一玩再玩的那個人，讓孩子自然學習「結束了」的情緒調整。

父親教導孩子遵守社會規則，但有時也會率先打破規矩，以創新的手法改造活動，像是自創撲克牌新玩法、把羽球當棒球來打，讓孩子開創視野、發揮想像

力，讓他驚奇著說：「喔～還可以這樣做喔！」

3. **「以身作則」——教導與榜樣**：孩子越來越大後，會要求邏輯因果、問題解決和追求榮耀，此時父親也是一個榜樣，透過親身示範，讓孩子從學習中得到價值和自律。兒童繪本《月下看貓頭鷹》以實際的任務譬喻：在一個冬天夜晚，爸爸帶著女孩到森林探險，為的是「看貓頭鷹」。女孩路上不敢出聲，因為爸爸不斷地提醒她：拜訪貓頭鷹一定要非常安靜才可以。探險完成，女兒自述了以下心得：「但是我沒喊累，出去看貓頭鷹，就得保持安靜。爸爸就是這麼說的。」「出去看貓頭鷹，不需要說話，不需要溫暖舒適，也不需要別的什麼，只要心中有一個希望。爸爸是這麼說的。」

回程時小女孩說：「我知道我可以說話了，也可以放聲地笑。但是在回家的路上，我一聲不響，像一道影子。」可見父親的教導深入她心，形成價值，她開始擁有自律。

父親賦予的精神象徵

電影《企鵝公路》裡父親成了主角的精神象徵，他才能在關鍵時刻回想「尤里卡」突破困境。父親育兒時所傳遞的內在價值，也是孩子進入學校時很重要的基礎，讓他面對新的人際關係時有所依循與行動。魯伊基．肇嘉（Luigi Zoja）說明父親形象所獨有的意義是：「一個既有權威又有感情的精神父親，也為我們提供營養和溫暖。」在現代，父親形象的心理意義更為重要了，可說是「一日為父、終身為師」啊。

不過要對孩子有影響力，關係建立是重要的根本，父親角色擅長教導，但不擅長關係培養，最好仍從家事分工、常與家人相處、生活中的打鬧與孩子奠立親密基礎。別只以為偶爾陪玩或扮黑臉就好，與孩子相處的「時間」與「品質」都是很需要的，讓他們從「看見父親」開始。與孩子建立關係時若抓不到要領，不妨請妻子幫忙吧，她是你與孩子間的媒婆。

4
爸爸的力量
孩子都希望被父親的強大保護

雅各布・佛洛伊德（Jakob Freud）是個布匹商人，他因為是西格蒙德・佛洛伊德（Sigmund Freud）的父親而被歷史記住。一個星期六，他穿戴整齊、帶著一頂新的皮禮帽，在街道上散步。

當他拐進一個轉角時發現有位男人擋住去路，當時十分尷尬，人行道狹窄只容許一人站立，雅各布・佛洛伊德向前邊一步，但有點膽怯，因為他想要求行路的優先權。

對面那男人比他更快更急地展現力量，他把雅各布・佛洛伊德的帽子拍落到爛泥中，吼道：「從人行道滾下去，你這個猶太人！」

佛洛伊德對父親失望的回憶

當他向兒子講述這件事時，雅各布．佛洛伊德在這個地方停頓下來。小西格蒙德卻期盼聽到更多，因為對他來說，這才是故事開始變得有趣的地方。

他問：「那麼，你怎麼回應？」雅各布．佛洛伊德十分平靜地回答：「我走下人行道，然後撿起帽子。」

據佛洛伊德的傳記作者寫道，這件事對佛洛伊德影響甚大，在這個他以前視為絕對和完美榜樣的男人身上幻想破滅，宛如一根大棒砸落在他的心靈。如果沒有這一段，精神分析或許會不一樣，佛洛伊德也許不會想到把父親做為兒子必然超越的對手。

前段故事摘自義大利精神分析學家魯伊基．肇嘉（Luigi Zoja）的《父性》一書，他繼續問：「孩子對他的父親到底有什麼期待？」

這個故事告訴我們，一位輕易忍受冒犯的父親，可能會聽到孩子譴責他不像個父親。孩子想要的不單單是父愛與正直，他還期望父親是強大和勝利的，是擋在危險前的保護者。

父親身分的認同危機

「父親」身分不是在孩子出生那一刻就有的，父親是母子關係最初的第三者，甚至是來搶奪母親的，此心理過程佛洛依德稱為「伊底帕斯情結（戀母情結）」，爾後父親才以母親同路人的身分，逐步被孩子認同，在關係建立中一步一步揭示、宣告、成立。父親出現代表的是「社會關係」，而社會關係裡最核心的是權力高下，孩子期待父親是一位熟悉社會競爭、強壯勇敢、可以帶領和保護他的人，以權威和榜樣作為他成長路上的「男性典範」。

父親的家庭位置，在遠古時代是對外的狩獵者，他提供食物、提供保護，以及最重要的技能傳承——教導他的孩子學習如何狩獵。父母親各司其職，孩子依附母親在保護中長大，而父親的責任是帶他走出家庭、進入世界與社會關係。父親角色在今日卻被卡住，歷經工業革命及二次大戰的社會改變了，父親在家庭缺席，被機器、文件或永無止境的工作淹沒，學校取代他傳承生活技能，工作讓他不能參與家庭生活，家族組織與權力位階也變了，他不再是一家之主，甚至連儀式及傳統的精神象徵也淡去，像是被閹割一樣，現代父親僅留存「養家餬口」的功能，同時被嫌棄不懂關係經營。

社會對父親的期待也強調親職教養，所以譴責他的缺席與沈默。魯伊基·肇嘉在書裡說：「今天的父親處於譴責之下，不是因為他做了什麼，而是因為他沒有做什麼；不是因為他說了什麼，而是因為他什麼也沒有說。」

社會要求父親兩件事，既要求勝利與保護，又要求對孩子感性說愛，就跟要求全職婦女一樣，同時要求「強大」與「愛」兩種對立的力量，這不是不行，而是男性世界裡少有學習的環境與典範，魯伊基·肇嘉（Luigi Zoja）稱此為「父親的悖論」，最終成了「沈默的父親」。

魯伊基·肇嘉解釋，男性並非害怕捨棄舊有觀念、不願學習自我成長，而是從歷史、社會演變來看，男性對新的觀念尚未上手，社會卻急著鼓吹他們丟棄既有的樣子，面對無法預測、不知道怎麼做的未來，多數人寧願留在熟悉的傳統形象裡苦撐。

失去父親典範的危險

老實說，如果沒有經濟上的成就，社會對父親們並不友善，加上他們難以表達感受，多只會憤怒或抑鬱，導致傷人或自我放棄，失意地說：「不要像爸爸這樣，這一輩子沒用了。」父親角色不被認同，衝動暴力則是情緒累積到爆炸的後果，還因此被視為危險分子。

成長中欠缺父親典範的男孩，則從社會形象裡追尋替代品。魯伊基・肇嘉認為義大利童話「小木偶」的故事說明了此一心理機制：小木偶離開溫和卻不夠強大的老爺爺，轉向環境裡的壞孩子靠攏。因為那個年長的、體型大的、可以帶頭的大男孩才是老大，是小木偶的「父親典範」。

回憶我小學時，班上多數男孩也是跟隨當時略懂政治、懂社會世故且身材高大的頭頭，學他說話、學他批評政治和批評他人。頭頭是學習榜樣，取代父性權威，大家也就學他錯用了男性氣概，以為敢反抗、有義氣、競爭鬥毆、暴力破壞就是男人的力量。

社會很少探討父職，男性成長書也沒什麼市場，要從有限的學習素材裡同時學習「強大」與「愛」還滿困難的，總是會往極端的一邊發展，不是太凶悍沒有愛，就是太有愛卻沒有立場捍衛……。多年後自己成為父親，我在心理學上不斷摸索，找到「父性」這個詞彙，確認父親的獨特性，希望父親們也能走出自己的路。

重拾父性的根本：強大與保護、溫和而堅定

很多親職書都重複強調「愛」，然而佛洛依德的故事提醒我們，不要忘記孩子也期待父親強大所帶來的保護，是父愛獨有的表現形式。

我曾聽學生講一段往事，他是單親家庭，國中時被長期霸凌而拒學，校方通知家裡後，他的父親趁他在家時帶著甜點親自到班上向同學鞠躬致歉，拜託同學包容他的孩子。學生講一講就哭了，他不是感動父親做這樣的事，而是覺得委屈而氣哭，因為他沒有做錯事，明明是同學霸凌的錯，為什麼父親要向傷害他的人道歉呢？難道他們因此就會改嗎？事後那些人果然把這當笑話。

我問他：「不然你希望父親怎麼樣呢？」

他說本來不想給家裡困擾，但父親都已經知道而去了學校，為什麼不維護家人去跟對方力爭呢，明明沒有錯，為什麼要為表面和諧而委屈自己呢？學生不是責怪他父親，而是對未來和社會充滿恐懼。

學生的故事也讓我想起前年的事，那一陣子妹妹老是被住處樓下鄰居上來抗議，說什麼晚上走路地板會響，吵到他們休息，叫妹妹晚上八點後不要在家裡移

動，我聽了也是氣炸，這根本是他們神經質、來找碴的。本來要找時間去跟他們比腕力威嚇，才發現七十歲的父親已經去理論過了，即使是鄰居也不怕麻煩地數落他們一頓，然後，他們就安靜多了。七十歲的父親保護了四十歲的女兒，這樣合理嗎？合理啊，他是我爸。

父親的力量原本是拿來對付危險的，所以不要忘記父性的根本是強大與保護，在社會關係裡，為了家人不被冒犯，我們會展現出強大與保護的鐵腕立場，但不再是年輕時的血氣方剛和暴力行為，而是溫和卻堅定的捍衛決心。

5

父性心理原則
有條件的期許孩子發揮能力

電影《墊底辣妹》的主角沙耶加從小愛發呆，甚至被欺負、交不到朋友，母親是沙耶加的後盾，總是保護她，但父親重男輕女，只將期望放在獨子、替他規劃未來，對沙耶加則毫無期許。

沙耶加自己也沒有想做的事，沒有目標、也不想學，高中時只有小四的知識程度。她唯一的安慰是與三個成績一樣糟的好友化妝打扮、尋歡作樂、逃避現實。

沙耶加不被期待，被罵廢渣，久了也就相信自己「真的就這樣」，直到遇見補習班的坪田老師，竟然對她有所期許。這是一部放牛班學生歷經苦讀與掙扎，然後考上慶應大學的勵志故事。電影中有一幕是這樣演的。

無所事事的孩子

他們初次見面，坪田老師就稱讚沙耶加露肚臍的穿著，還說不知道自己穿起來怎樣，沙耶加笑著說：「疑？不可能吧，你的『顏值』不夠啦。」坪田老師不生氣，鞠躬回禮「請多多指教。」

在做了基本測試後，沙耶加得了0分，坪田老師驚訝但不帶嘲諷，「真不得了，我第一次看到這麼不知所云的卷子呢。」

「先是這個，你為什麼會把『strong』翻成『故事很長』呢？」老師問。

「因為這不就是『stroy』這個詞變長了嗎？」沙耶加天真地答。

「原來如此。不過說實話，你的思維真是天才級的。」、「而且，雖然全部答錯，所有的題目卻都回答了。」老師說。

「說不定一不小心就矇對了呢，對吧。」沙耶加說。

「沒錯，這樣積極作答的態度非常棒。」老師給予肯定。

沙耶加起了雞皮疙瘩，「什麼啊，這樣被老師誇獎還真是不習慣。」

「不過啊，你這無知的程度也太離譜了吧。」老師笑著說。

「我的學校是可以直升的，所以啊，五年裡（國一到高二）什麼都沒學。」

「那你先決定要升哪所大學吧。」老師笑裡帶著認真。

「我肯定通不過任何考試的啊。」沙耶加說。

「但是，做成令人意想不到的事，人就會變得自信起來。」、「慶應怎樣？有沒有聽過慶應ＢＯＹ？」

「聽說那裡是帥哥雲集。」沙耶加開玩笑地說。

「那就決定考慶應囉」老師表情充滿鬥志。

「等等，等等。你說真的嗎？」沙耶加沒想到，以為只是說說。

「是的，我的工作就是讓你進入理想的大學，就像詩籤祈願一樣，反覆唸著說出願望，它就會向你靠近了。」老師認真地說。

「這是什麼，魔法嗎？」、「老師，你真是超級樂觀呢？」、「我考慶應，笑死人了～」沙耶加雖然不可置信，但最後把慶應大學填上了志願。

父性心理原則：引領孩子向前走

電影引我注意的是，主角的「成長動力」是怎麼來的。過去我們強調「被愛」

與「肯定」是孩子最重要的發展基礎，可是當母親無條件支持沙耶加時說：「你可以放棄，沒關係，不需這麼痛苦。」為什麼沙耶加到高中還是一事無成，沒有振作起來呢？

從心理動力學來看，母親無條件的愛是安全的殼，但還需要父親的引導——期許孩子長出什麼，孩子才會試著破殼而出、展望新生。父親對沙耶加沒有期望，她也就順著喪失挑戰世界的意願，直到坪田老師替代了父親，以「父性心理原則」引導、肯定、傾聽、計畫、規範、信念和以身作則，讓沙耶加攀扶著前進，他嚴厲時甚至會說：「你儘管走啊！這樣子是任何一所學校都考不上的。」

什麼是「父性心理原則」呢？指的是「扮演嚴父的角色，也就是教孩子要『明辨是非』，用比較極端的說法，就是『即使是自己的孩子，不聽話也要好好修理』。」（河合隼雄《走進小孩的內心世界》），這是相對於母性心理原則——「再怎麼不好，也是自己的孩子」，總是對孩子採取「包容」、「保護」的態度。

父性心理原則是「有條件的期許孩子」，「要求」孩子能延遲滿足、學習獨立、發揮能力及執行計畫，要把目標放在未來，做出有效行動，是嚴格、有限制的，必須當孩子完成目標，他才會得到父親的肯定。

社會心理學家佛洛姆（Fromm）在《愛的藝術》書裡也說：「嬰兒都需要母性無條件的愛，六歲以後的兒童則需要父性的愛，需要他的權威與引導。」所以，若缺乏父性，就可能會變成梶原千遠在《拒絕長大的男人》書裡說的：「會培養出『什麼都不想做』的孩子的家庭，一定是父母雙方都缺乏父性，而且是嚴重缺乏。」

父性心理原則：化為「日常的權威」

一歲之前，孩子的任務是「健康平安地活下去」，他是真的不懂，因此無論孩子怎麼鬧、無理，母性心理原則是無條件的接納，給予支持、安心、關懷。之後父親來了，父親角色教的是有條件的社會關係，必須要學習、發展能力、允許受傷，向前達成目標，走出家裡讓自己獨樹一格，長為獨立的大人。這種教育像是師父帶徒弟一起生活的師徒制，過程中會有：①生存技能的學習，例如職業技能、人際經營、生活安排。②價值信念的養成，像是對錯、喜好、熱情。

父親帶孩子與世界相處，親身示範，期許孩子得到樂趣與成就，最後孩子成為他自己，擁有自信。母性與父性心理原則雖然是對立的，卻不衝突，它們是一組的接與推，互為平衡，讓孩子前進。

父性心理原則在生活裡會逐漸化為「權威」，成為不可動搖的價值信念，「權威」（Authority）指的是「正當的權力」，在組織中權威能夠消除混亂、帶來秩序、建立管理；而沒有權威的組織將是散沙一盤，許多事難以完成。

父親有權威但不「威權」，「威權（Authoritarian regime）」又稱專制或獨裁，特點是嚴格遵從，不分對錯，不能思考，若不服從則會被手段壓制，是被控制的一種，父親並不是虎爸，當然不是把孩子推下山谷讓他獨自求生的無情、絕對。

電影中的坪田老師運用了父性權威，有信念和期許，有鼓勵與陪伴，當然也會生氣指責，這讓沙耶加逐漸把「讀書這件事」與「為了家人」兩者目標相連，最後她為了改變自己的家，決定重返補習班證明她不是笨蛋，提升她說話的分量。

在我家的例子，對課業成績也是有條件的期許，我要求小學的他們各科不得低於八十五分，若在低標以下，就會減少足球、電玩時間，並恢復安親班正常上課；若各科在九十五～一百分，甚至班上前三名，則另給物質獎品，例如遊戲卡牌、一場電影。

使用分數當指標，好過只說抽象的「好成績」，而除了要求，我一定會花時間陪他們將寫錯的題目再做一次（以取代責罵），若表現得好的則一定多加讚揚。

父親是家裡的權威，不是威權，這樣的權威正是維繫家的心理支柱，設立規範旨在讓孩子思考、成長、做選擇與負責，讓孩子自然而然對社會產生興趣，產生未來目標。底下是我認為符合父性心理原則的作法：

1. **凡事說明原因、規定執行徹底**：向孩子說明為何要這麼做的原因，並允許空間討價還價。規範設立後執行要徹底，態度堅定溫和，讓孩子知道你是認真的。

2. **改變循次漸進、關門後要開窗**：若希望孩子改掉壞習慣，先給予明確步驟，搭配心理準備，重複練習和鼓勵。把自己當成教練，陪同與肯定，而不是直接丟給孩子要他一夕改變。同時要有「替代方案」，只有禁止卻不疏通精力是困難的，無法維持行為改變。

3. **處罰目的清楚、改變不可綁約**：處罰的意義是提醒該事要注意。十二歲前處罰可用短時間的罰坐、罰寫、體能訓練，十二歲後則改為「剝奪式處罰」，如減少外出、減少他喜愛事物的接觸時間等。訓練行為改變時不可綁約，例如不要用金錢或物質交換做家事。「利益交換」會讓孩子價值混淆，認為做什麼事都該有報酬。

4. 好要不吝讚美、好壞各占六比一：孩子很需要大人的看見與認同，做得好就多鼓勵，真誠讚美與擁抱，給予更高的期許。若指責時間有一分，肯定與陪伴就需要六倍時間才能平衡。與孩子相處要夠長，才能觀察孩子的需要及困難，規範設立才會貼切合理。

「有條件的期許孩子」非常關鍵，等同當我們帶孩子在世界冒險時所給予的「任務」，先是對生活好奇，接著從中得到成就，也如帶孩子學騎腳踏車一樣，學騎不是必然，會有辛苦過程和受傷，但孩子學會時的成就、被肯定，以及當他騎車兜風時展開新視野時的興奮，都讓父子皆大歡喜。

被期許的孩子長大後會有自己的想法，父母也從權威逐步變成朋友，位置從前導轉到後援，角色雖有轉換，但仍不失父性心理原則，繼續在孩子的身旁當人生顧問。

6 痛苦難過時 照顧孩子的情緒，關愛地接住他們

兒子小學二年級時，有次半夜兩點多痛醒在哭。當然我也醒了，問他怎麼了？兒子用手摀著左耳，說這裡痛。

耳朵痛得莫名，沒有前因沒有徵兆，這是最令人害怕的痛，兒子表達欠佳，無法陳述細節、哪部位痛、程度、頻率、像什麼般的痛……，就只會說「很痛」而已。

我阻止自己歸因是他平常亂挖耳朵弄傷所以活該，大半夜能做的，是安撫、解釋、嘗試減少疼痛，等待隔天一早再帶去看醫生。

莫名的疼痛

我帶他到客廳休息以免吵到妹妹，花五分鐘細細問診，是怎樣的痛（抽痛、絞

痛、刺痛……），也輕觸會痛的位置。好像是耳朵裡面發炎，我用手電筒照，非專業的看不出端倪，即使自認還有點醫學常識，但實在沒辦法。

我問兒子現在還痛嗎？他說還是不舒服，那，我想就直接吃止痛藥吧。藥效發揮要等二十至三十分，先讓他看一集卡通，轉移注意力。我則趁機上網查看相關症狀，推理可能是中耳炎或下顎關節拉傷引起，但這也是猜的。

卡通演完後止痛藥發揮藥效，問兒子好一點了嗎，他說舒服多了，我跟他解釋剛剛的耳痛可能是什麼原因，然後我們可以怎麼應對，明天就去看診，這不算嚴重，所以先睡覺吧。

我陪兒子上床，摸摸頭、拍拍背，等他睡著了才離開，然後繼續上網查資料和思考怎麼回事，累了才去睡。

情緒被照顧的經驗

「照顧」是包括身體與心理的，生理的照顧大家都能明白，而心理的照顧則是針對情緒，包括承接、解釋與安撫。蘇絢慧在《當傷痛來臨陪伴的修練》一書對於「情緒被照顧」描述如下：

「這一個重要的人，不僅捕捉到這些情緒，還能在過程中安撫，以規律、耐心與溫柔的語調告訴你，原來你怎麼了，原來你發生了什麼事，原來你想要什麼。然後這個人設法給予你照顧與滿足，或是設法解除那些不舒服的內外在因素。這就是我們被照顧的開始。」

當我們無法口述內在狀態，在混亂失序時，有一個人很懂我們，然後照顧我們，且由這個體驗中，我們也學到了怎麼「照顧自己」，這就是情緒照顧對自我發展的重要性，並在日後發展出「照顧他人」的基本模型。

情緒被照顧的關係，心理學稱為依附理論（Attachment Theory），結合了心理學、演化、動物行為學，旨在說明人際情感是人類社會發展的關鍵。原初概念由約翰·鮑比（John Bowlby）在一九五〇年代提出，最重要的意涵是：「兒童因為社會與情感需求，至少需與一名主要照顧者發展出親密關係，若無，將造成其心理與交際功能的不健全，並延伸至成人期」。「依附」最初來自母親對嬰兒的無條件關愛，並延伸出照顧、互動、依賴，是人與人之間的信任基礎。

當自己在痛苦裡無法具體描述，卻有人能解讀並以接納的態度對待，即是「被接住的感覺」——「當自己不能做什麼的時候，對方是怎麼接住我、照顧我的，我從這個體驗中學到了『我的重要性』，以及『我的情緒』出現後該怎麼對待的方式。」當自己被接住，就有被重視的感覺，慢慢地也學會如何接住自己、接住他人。

親子關係裡最怕「情感漠視」

不知道大家會不會覺得吃不飽的孩子很可憐，實際上沒有人愛的孩子更可憐，「吃」與「愛」，後者更為重要。「愛」的感覺無形、抽象，必須透過彼此接觸才能傳達，像是表達、擁抱、回應、付出的行動等等，如果沒有這些「互動」，即使有食物，孩子也會孤單難受到食不下嚥。

「漠視」很可怕，意指對兒童的需求和呼喊無動於衷，就像把他當成空氣一樣。孩子不被理睬、被漠不關心、缺乏情緒互動，是一種身心傷害。有些父母並非刻意如此，而是生活窮忙，沒有體力、精神回應，加上傳統教養以為讓孩子有吃有住就行，才造成這種結果。以為「孩子乖乖的就好」，其實「越乖才越有問題」。童年若沒有大人照顧情緒、回應情緒，孩子學習到的只是壓抑情緒、放棄互動罷了。要記得「愛」的反面並非「恨」，而是「漠視」。

琳賽．吉普森（Lindsay C. Gibson）在《假性孤兒》裡提到有些不懂情感照顧的父母，他們外表和行為看起來一切正常，會關心孩子身體健康、提供溫飽、注意孩子安全，但僅止於此，並沒有「情感交流」。

當孩子心理沒有被照顧、情緒沒有被回饋時，他會不安地亂猜：「一定是自己不夠好，所以父母才沒有肯定和讚美。」「關鍵時刻常懷疑自己，心底會冒出一個聲音否定自己。」「覺得常要假扮成另一個人，父母才會喜歡自己。」「每次和家人相處總是感到挫折，即使遍體鱗傷，也不敢求助他人。」「即使已經有所成就，自己還是會覺得孤寂。」

孩子沒有從關係中學到照顧自己，成人後會把童年的渴望與匱乏再次寄望他人「來照顧我」，卻總是失望挫折。

親子的依附關係如同鏡子，使孩子學習情感交流，學習依賴與信賴，從安全感裡練習「獨立」和「合作」。安全依附是指處於一段能依賴且穩定的關係，其經驗能被「內化」為一種「安全感」的心理，即使對方不在身邊也不會害怕。

當依附失敗，孩子情感上會轉為「逃避依附」——冷漠、逃避親密、壓抑，不表露情感，強迫性自我依賴並與他人保持距離；或者轉成「焦慮依附」——歇斯底里、不知所措、合作討好、陷於「想像中被拋棄的恐懼」，導致憤怒、苛求、勒索、控制，處於想要又不想要的兩極矛盾中。

兒童期缺乏安全感，日後發展人際關係時就會感到害怕、無助而反反覆覆。

注意孩子的異常表現，盡早彌補親情

原生家庭對孩子影響很大，父母是我們第一個觀摩學習的大人，若家庭功能不彰、不斷爭吵，本身就是傷害與壓力源，孩子矛盾的心靈會呈現下列三種面貌：

1. **無感的旁觀者：**孩子長久經驗到不能改變什麼，於是放棄掙扎，採取「生活無欲，對什麼都無感」過一天算一天的生存策略。
2. **矛盾的守護者：**乖巧順從的孩子多會選擇這條路，攬下責任、犧牲自己，默默承受大人情緒以換取整個家的和平。看似早熟，其實快被壓垮了。
3. **盼愛的逃家者：**在家裡得不到情緒支持與回應，孩子會轉而往外尋找「被肯定、被認同」的感覺，以愛情替代親情的接納與呵護，我稱此為「類親情」。最遲到國中就會出現，以討好對方（似討好父母）的方式經營感情。

若孩子有上述表現，盡早彌補親情最重要，別讓孩子被迫放棄依靠家裡。靠近受傷的孩子時，請記得「穩定表現」與「長期經營」，讓他們重新觀察和驗證，直到認可是安全的，才會再次展開依附關係。

照顧孩子情緒的練習：即時回應

情緒照顧不需要什麼大道理，如果父母本身能辨識情緒並說出情緒詞彙那是最好，但若詞窮也無妨，最關鍵的是「即時回應」。例如孩子說他不舒服，別一口咬定說：「你又在騙了，你想幹嘛？」或者一副「跟我有什麼關係」漠視不理。「即時回應」是放下手邊的事，專心關注孩子，詢問他「怎麼了？」有這個反應就夠，至於技巧、工具或能力什麼，日後再補沒關係。練習照顧孩子的情緒，可以這麼做：

1. **玩在一起：**平常要有時間「玩在一起」，當父母表現出容易親近的一面時，你問孩子情緒問題他就比較敢說。

2. **從生活現實面著手：**日常生活裡本就有各種情緒，不妨利用食、衣、住、行、育、樂的互動經驗，練習指出孩子情緒，如「哇！這樣玩很開心喔。」或「你輸球了，是不是有點難過？」

3. **同理心的練習：**孩子有自己的視角，常常是單純地「想玩」、「想被認同」，但是行為表現不適切。試著從孩子角度重新再想一次吧，例如「雖然方式不對，但他可能想被關注，不是故意的」，這就是同理心的練習。跟較小的孩子說話時，「蹲下來」跟他視線同位置，改變視野也能促發同理心。

接住孩子的情緒，成為情緒守護的麥田捕手，當孩子能安全依附，就會更有活力往外冒險發展自己。

7 行為偏差時
當孩子偷竊和說謊，父母就變身成偵探吧

家裡以前開藥房，類似現在的康是美，小二的我偶爾會幫忙顧店，客人要買什麼，東西有標價，三支雨傘標一罐二十元，三罐六十元（對，沒有打折），收錢、拉開抽屜找零。

抽屜裡有現金盤，家裡不太清點，過巷口隔壁兩家是雜貨店，去裡面逛久了，回家又看到閃亮亮的硬幣，就動了「拿一點也沒人知道」的念頭，去買吃的、買些小玩意。

小時候也偷過錢

可能越拿越多吧，也可能父親還是有在清點，總之就被抓到了，印象中父親沒

有罵什麼難聽話，但是很生氣，這是人生第一次被打，被竹棍抽打小腿並罰站反省，過程是一把鼻涕一把眼淚，哭著說下次不敢了。

不知道為什麼，過幾天後繼續偷，而且更小心。不久後再被抓到，加重處罰，繼續一把鼻涕一把眼淚，反省著下次不敢了，然後也不知道為什麼，過幾天又繼續偷，而且更加小心。

到底怎麼回事？小時候的我是不是在演戲，一點也不怕？在第三回偷錢時，當刻時間突然靜止，畫面很清楚，抽屜開著，手裡有錢，但是我卻醒來，意識到「我到底在幹嘛？」突然覺得「偷錢好沒有意義」，把錢放回去，從此不再偷。

引發偷竊的心理歷程

我做兒童輔導時，會跟偷錢的他分享「叔叔小時候也偷過家裡的錢，然後喔……」雖然回憶這個很不好意思，但還是要告訴他，這是成長的過程。

上小學後有些孩子會「偷竊」，多是拿家裡的錢，而「說謊」通常在偷竊被抓後，大人問他有沒有偷？質問時帶著強大怒氣，嚴厲斥責，孩子被恐懼緊束不敢說話，大人繼續追問，要他說個理由否則不罷休，慌張無措的孩子只好勉強編了個不是理由的理由，死馬當活馬試，先否認、找理由，也許還可逃過一劫，偷竊後說謊，因為說實話絕對會被打罵啊！但事與願違，大人嫌他說謊不打草稿，罪加一等。

大人氣得受不了，管孩子什麼原因，偷竊就是該打。不給教訓將來出社會還得了，萬一成了大壞蛋怎麼辦？於是打罵體罰，以為讓他痛就會怕。

打罵如果有效那就好，但通常只是維持一段時間而已。為什麼呢？因為孩子發現偷竊能滿足需求，而它的功能還沒找到替代，便容易走回頭路。孩子不是不害怕被揍，而是被揍的理性還無法變成自律，去阻止當下的需求衝動化。

就像孩子知道自來水不能喝，但沒帶水壺又上完體育課，生理匱乏讓他衝動跑去洗手台轉水，當下喝了自來水迅速清涼解渴，卻什麼後果也沒發生。然後，晚上拉肚子送急診，醫生診斷是喝生水細菌太多，雖然邏輯合理，但因果報應拉太長，下次孩子面對誘惑，會喝生水的機率還是很高。

行為偏差不單是意志力問題，跟大腦發展有關，也跟沒人教孩子合宜解決困難、滿足需求有關。當屢犯後大人處罰更用力，不斷挫折與否定，他最終可能自暴自棄。

大人只想阻止行為發生，卻沒想到行為背後的功能、原因與該如何替代，「遏止不該發生的事」是很耗力的，不如換一個角度，改問：「孩子好端端的，為什麼要去偷竊？」改從動機面來解決。

當偵探理解偷竊行為的系統因素

「偷」是不敢光明正大，趁人不備時拿取。與其譴責行為欠缺道德（因為沒用），不如探討孩子為何這麼做的動機。首先刪除「孩子天生壞胚子」的假設，不會有人天生無故使壞，從心理學來看，一定有原因驅使他從行為中得到好處。

通常孩子自己也說不出個所以然，做父母的就當偵探吧，真相只有一個：「這麼做能滿足他什麼？」。猜測動機後，也要考慮環境設計與人際關係，底下各項因素讓大家參考：

1. **環境誘惑大於意志控制**：像我的例子，打開抽屜就能拿錢，實在太輕而易舉，「拿幾個銅板應該不會被發現吧？」等於天天考驗孩子抵抗誘惑的能力。與其要未完全發育的孩子憑意志力自律，不如「抽屜鎖起來」更為簡單些。

2. **生活太無聊，拿錢找樂子**：錢不是萬能，但沒錢萬萬不能。偷的錢究竟拿來做什麼，有時候從用途可以看出「孩子想要什麼」的端倪。我發現，大部分也只是找樂子，滿足當下而已。這表示孩子生活無聊，於是「鬼點子、餿主意」很多，發現偷到的錢可以買樂子，有案例就偷錢去夾娃娃，一千多塊的零錢只換到盜版玩具，跟成本無關，他要的只是刺激與成就感。

另一類孩子偷錢請客，以錢維持友誼關係，可推論孩子原來的人際關係不好，是沒人跟他玩而想出來的辦法。孩子想要的是玩伴，但方法錯了。

3. **要起疑「太容易被抓的偷竊」**：孩子若故意偷竊，通常會精益求精、魔高一丈改善技術，然而有些孩子很奇特，他偷竊被抓都不曉得要改進的，說謊也是一戳就破，問他為何要這麼做也說不上來，簡直偷得莫名其妙。一直重複卻沒有改進的行為，通常屬「衝動行為」，此時除探求行為動機，還要另外考慮孩子是否有特殊狀態，主要是發展障礙，如注意力缺乏（無法延宕情緒滿足，當下想要就行動……）、亞斯伯格特質（自我中心的想法，固執認為這是拿、不是偷……）。發展障礙是先天神經系統影響，需要尋求專業協助。

4. **來自他人的壓力**：這更麻煩，這不是孩子想偷，而是逼不得已，如被威脅恐嚇、被迫繳保護費，或者是不小心闖禍要賠償又不敢講。這類原因除了偷竊行為，孩子在性格表現及生活態度上也會有變化，要特別留意。

針對不同原因，採取不同的教養協助

找出原因後，當然要改，但重點是父母要協助孩子去改，而非撂狠話「再犯打死」。我建議外在環境由大人調整、減少誘惑，內在改變再由孩子努力、意志遵守，並在事後給予肯定、鼓勵。父母要秉持著：「把孩子當同伴予以協助，而不是當監督給予更多壓力」的信念才行。

1. **減少誘惑——環境條件的安排**：小朋友需要空間跑跳，那是天性，因此思維是轉向「如何尋找安全有趣的場所」，而不是綁起來要他不要動，對越小的孩子越是如此，環境安排遠大於要他自己克制。

當孩子稍大，明白錢的用途，不妨給他「固定工具」與「安全範圍」，讓他自由去試。「固定工具」指的零用錢制度與擁有物質的規則，「安全範圍」指的是去除環境誘惑（錢要鎖在安全位置）、允許可以去的場所（公園、商店、附近街道）及養成生活紀律（知道什麼時候去、什麼時候回來）。

2. **增加管道——讓生活更有趣**：除了孩子自己玩，如何讓生活更有趣呢？大人要下去一起玩。帶孩子增廣見聞，像是帶孩子參加社團、戶外教學、家族活動，體驗更多元的樂趣。

如果經濟不充裕，則讓孩子一起參與家務分工（如準備晚餐），對生活的責任感也能增加親子關係與同樂目的。

3. **為行為負責——冷靜後才決定如何處罰**：孩子不斷重複同樣的事會令人氣炸，任何人都會的。體罰的目的，是孩子大腦未完全理解下由身體痛感來記憶哪些行為不能做，但仍請記得，大人打罵孩子是很不對等的權力關係，必須「冷靜後才決定如何處罰」，那些歇斯底里大吼大叫、過度體罰或趕出家門的精神恐嚇都只會讓孩子更害怕而已。

孩子流的淚是因為恐懼，不是因為做錯事而愧疚，恐懼必不會讓孩子記得「做錯事要改」，恐懼只會讓孩子「記得大人的恐怖，下意識保持距離」。

處罰時宜避免在氣頭上，以免當下無法克制地「打爆」。大人當下如何冷靜呢？先遠離孩子去其他房間或外面晃一下吧，冷靜後的處罰才會合情合理，當自己的情緒不再是焦點，才能專注在你要教訓孩子的內容。

處罰建議以「剝奪」為主，如減少手機或甜食時間，不可處罰不吃飯、整晚不睡覺等基本需求。

4. **認識發展障礙——帶孩子接受身心評估**：身心評估的意涵，是讓大人知道孩子所對抗的不僅僅是外部生活現實，孩子還要面對他不知所以、毫無概念的生理卡關（感覺統合問題），他也過得很辛苦。發展障礙的限制會侷限思考及反應，出現當機、重複、講不聽的行為，這不是孩子故意的，因為一般來說沒有人會讓自己陷入危機、無端找挨罵。需多留意這類令父母一頭霧水的情形，不妨多與專業討論，越早開始提供協助越好，也是「早療」的概念。

5. **承諾和孩子一起面對壓力**：如果偷竊的肇因來自他人，知道原因後請承諾會和他一起面對，循求問題解決，如果是闖禍，就一起負責、彌補；如果是有人欺負，就一起討論如何應對，像是找學校溝通、依法律自我捍衛、要轉學也可以。讓孩子感覺到關係裡的安全感才是重點，讓他知道他不孤單。

我在處理親職衝突時，最開頭都聽到家長氣急敗壞或無奈地表示：「孩子可以做的不去做，講也沒有用，都是故意的……。」親子關係很悲情，不是孩子氣死家長，就是家長過度打罵孩子，難不成真的有生來互相討債的家人嗎？

「沒有孩子天生來違紀與被處罰的」，沒有這種人物設定，一定是有哪些事不對勁了才會這樣，問題是問題，孩子是孩子，是孩子遇到了問題不知所措，而不是孩子製造問題惡劣破壞。父母就當偵探尋找真相吧，不被表面行為迷惑，當對孩子越了解，就越能發現對他有效的改變策略。

8 做自己，成為夠好的父親！

照顧孩子也照顧自己

男性要學習情緒與感受，最好從「關係連結」開始，一是談戀情，二是養小孩，並讓自己心中的大男孩與之同步再次成長。

其中親職教養會讓我們跟著孩子重新經歷一次童年，孩子情緒單純、明顯、自然，看著他們就會回想起自己匱乏的那一塊，重新彌補與學習何謂情緒、何謂自己想要的或不想要的。

從此基礎出發，我發展的親職信念是：「要成為夠好的父親，要能照顧孩子，也要能照顧自己」。

男性情緒感受的方式

男性很難學習情緒感受的，蓋爾．希伊（Gail Sheeh）收集眾多男性自述，在《男人新中年主張》一書中形容他們：「只顧盡自己的職責，不談論內心崩潰；擔任良好的供養者仍是定義自己的主要方式；難得結交新朋友，在感情上只會深切仰賴妻子，甚至達危險地步；面臨各種破壞固有生活型態的事件自覺『卡住』或『陷在原地』，但不肯改變；丈夫以為維持原樣、隱藏自己的感情與挫折，是男子漢的作為。」

這群人成了現代父親，一邊喝著咖啡，一邊抱著兒女餵奶，會為兒女歡呼，然情感能力依舊是缺乏的。表面上男性形象有所轉變，可骨子裡沒有，男性在確認親密關係時，常不是用情緒，而是以「可見的行為」為主。

經典電影《香水》描述主角葛奴乙用嗅覺尋找想像的親密關係，以自戀的方式強迫他人，尋求被愛、被擁抱，以減少孤單感繼續生存，可是也傷害了別人。

我認為傳統男性的親密感是感官、情慾與情感的混成，以致追求性愛來確認有沒有愛，如同賣火柴小女孩在冬夜以火柴想念祖母，火焰溫暖卻稍縱即逝，他越點越多，不但效果不佳，且當火柴用盡時，他反而有更深的孤獨。

認識自己心中的大男孩

記得婚前跟太太到香港自助旅行，那時行程緊湊，但我仍想再去購物中心頂樓看史奴比特展。我挽著她的手，撒嬌地說：「拜託！我想去一下史奴比開心樂園，可以嗎？」

她那時笑得很開心，事後一直說：「這也太孩子氣了。」

到底是褒是貶我搞不清楚，但那個回饋讓我意識到自己內心有個大男孩，也逐漸承認這個大男孩喜歡討抱，喜歡身體碰觸、體驗各種情感，喜歡在關係裡享受依賴。但之前我很排斥展示弱點的，更何況是「討」抱，寧願酷酷的不苟言笑。

親密關係裡的回饋，讓我得以重新審視自己，原來「像個孩子自然表露情感」是很重要的事，生活也變得有趣和多彩了呢。

要照顧孩子：發揮父性特色與功能

過往的父親象徵被認為是威權，沒有參與家庭卻有指揮命令之權，很多孩子並不服氣，如今社會轉變，重視兒童權益，結果母親的保護象徵，在教養裡被過度放大了，過渡到另一極端出現媽寶文化。

梶原千遠在《拒絕長大的男人》裡說：「我們社會已朝母性化的方向發展，一旦過度增值，原本滿足對方、守護對方的情緒將會反過頭來，變成破壞他人、吞噬他人的情緒怪獸。」

因此父性是平衡的關鍵，電影《墊底辣妹》裡主角沙耶加長期不被父親期待，即使母親無條件支持與保護，她仍然不知道出社會要做什麼，只有母性無條件的愛是不夠的，有了關係的安全感，孩子還需要出門冒險、發展成就等「有條件的期許」，這時候父親的領頭身分就很關鍵，相信孩子做得到，陪伴他度過難關。

因此父性是價值的傳承，電影《長江七號》周星馳飾演的單親父親，把自己全部精力與愛都給孩子。雖然他在工地做工，但經常教育孩子處世信念、價值及選擇：「我們雖然窮，但不能打架，不能說謊」、「我們做人要有骨氣」，讓孩子即使被取笑都仍記著父親說過的話，讓孩子即使窮也能保持樂觀自信。

「需要父親」的心理需求，在現代已遠大於只供吃飯給錢；父親在兒童期是認可孩子、陪伴玩樂、在社會冒險的指引；到了青少年期，「父親榜樣」更是重要的典範引導，孩子要知道自己「我是誰的小孩」，站在父親的肩膀上長出新的自己。這便是父性面的照顧孩子，有著信念、冒險與陪伴。

也要照顧自己：不用理所當然地全部犧牲

林良在《現代爸爸》序裡提到，「一個真正快樂的父親，必是子女心中最喜歡的人。有幾件事不能逃避：給營養、給教育、給應得的愛並懂得表達與傾聽；也有自己的人生追求……」意思是在親職外，父親也要能「活出自己」及「活得開心」，不該被社會角色束縛。

河合隼雄在《走進小孩的內心世界》被問到：「父親該如何跟孩子相處比較好？」他就提：「平時不妨呈現『百分之百的自我』，生氣後則要像『打雷過後放晴』」，這表示父親也是一個角色而已，保持真實的自己才是好的。社會總是要父母犧牲自己、照顧孩子，犧牲不是不行，但不用理所當然地全部犧牲，父母也要留下照顧自己的時間，才能提醒孩子「關係是互相照顧的」。

要父母照顧自己，有夠難教。記得，先是一個人，才是爸爸或媽媽，請從「認識自己」開始，當父母理解自己的行為背後也是有動機的，明白自己也需要與他人連結的，轉過來教養小孩時自然也會用同樣眼光，不被表面行為困惑，讓對待自己和對待孩子是一樣的方式。從心理面照顧自己可從三個方向進行：

1. **了解自己——試著敘說自己的故事**：從說人生故事開始，說說自己的成長史、整理各種情緒經驗，說說「我是個怎樣的人」，說故事就像寫一本傳記。若不擅表述，可從「當年勇」開始，再慢慢推展到其他經歷。

說故事時也要提自己的父親，了解傳承了什麼。已故劇場大師李國修就把對父親的探索寫成戲劇〈京劇啟示錄〉，重新認識他的父親及自己所受的影響，並把父親的教誨：「人一輩子做好一件事就夠！」傳承下去。

2. **喚回大男孩——恢復情緒感受**：男性身體很僵硬，因為情緒壓在體內，讓肌肉過度緊繃都變成盔甲了。試著多跟孩子親密擁抱、摸頭、牽手、搭肩環抱，可以跟孩子玩耍，暫時不管父親形象，讓自己也跟孩子一樣幼稚，就能喚回童年那個大男孩。向孩子學習「表露情緒」，一樣自然、直接、單純，用自己能接受的方式跟孩子玩就可以了。

3. **別隨意犧牲——自己的需求也要照顧**：別隨意犧牲，照顧孩子與照顧自己同等重要，這當然不是說要父子平均分擔，而是提醒自己，別讓犧牲成了孩子的理所當然。我帶女兒去買剉冰，選料時她選兩樣，接著換我選，她卻說：「幹麼選那個？我不想吃。」然後我會說：「那是我要吃的，你已經有兩樣了。」雙方的需求同樣重要，讓親子關係趨於平等，你尊重孩子，也教孩子尊重你。

成為「夠好的父親」就好

無論父親處在什麼位置，都會成為孩子的標竿。佛洛依德被稱為心理學之父，他所提的學說，無論後輩是贊成、反對或改造，全都要先理解他的觀點，再以此為基礎誕生自己的想法。父親也是這樣，讓孩子在成人之路有個對照，並允許他們攀附、再生、反抗、改造、重組，孩子會沿著父親的路，依自己的意念「擁有自己的個性」。

父親要有好的權威，孩子定會追隨父親的腳步，當他們付出努力與汗水而得到成就時，他們不是真的要那個成就，而是要「父親的讚賞」，所以父親要努力打破沈默，多聆聽與認可孩子，不吝稱讚。

如果生活遇見困難，別隨意犧牲或默默承受，與其一廂情願不讓孩子受苦，不如坦誠說明並共同承擔，這動作是對孩子的認可，讓他們知道「父親也需要他們」，雙方互相依靠，同舟共濟、就有更多心理韌性應付壓力。

把孩子當成隊友，平等的相處模式就是一種榜樣，對男孩來說，是往成熟男人前進的典範，對女孩來說，是日後與異性相處時不委屈自己的根基。

「父親」是文化建構，沒有所謂「應當像這個樣子」的規定，透過與孩子的相處，男性「有意識地讓自己成為父親」，只要成為「夠好的父親」就夠，不需完美，父親要留時間繼續追求人生，創造開拓、分享自己，一面傳遞可以勇敢也可以軟弱的信念，一面帶領孩子冒險並陪伴度過難關。

布魯克斯（David Brooks）在《社會性動物》寫到：「父母只要夠好就行了。他們提供孩子穩定且可預期的節奏。他們的管教能符合小孩需求，溫暖與紀律。他們建立起安心穩當的情感連結，讓孩子面對壓力時有求助的對象。他們在孩子身邊以身作則，示範如何克服人世間的問題。……父母可能會犯錯、大發脾氣，有時還會忽略孩子的需求，可是只要整體的照料形式是可靠的，孩子依舊能有安全感。」

沒錯，「做自己，成為夠好的父親」或者「成為夠好的父親，做自己」，每一樣都要。

跋
教養最缺的永遠是「時間」

我看過很多教養書，書裡方法都很有用，然後看看自己：「可是，我沒時間。」這真是很矛盾的事，父母很忙，所以找教養書希望找到速成、速效的方法，我在親職諮商時也被這樣期待，他們請心理師提供快又有用的訣竅，可是又常說：「唉啊心理師，你這方法我試過了，孩子還是不聽，沒效啦……」

即使是專家，如果陌生人的方法有速效，那麼父母的角色又要做什麼？

方法的有效與否，關鍵點都在執行者身上，它需要執行者瞭解自己的孩子，做「個別化」的調整及穩定執行。光是這一點，親職教養就從來不省時省力的。教養秘訣不外乎是「陪伴孩子、觀察孩子，引導孩子」，然而這三步驟都「花時間」，倘若好好整理從孩子而來的第一手資料，成為最瞭解孩子的人，自然會產生很多妙方引導。

讀者或許會發現，書裡所寫的主題，無一不遵守陪伴、觀察與引導的原則，書只是事後整理出來給大家看。就像減肥一樣，不外乎少吃、多運動，困難的是花時間瞭解作息、設計方法，讓自己好好遵守，然後再花時間等它開花結果。

親職教養的第一原則就是「投入時間」，有時間就能營造良善的親子關係，而「有關係就沒關係」，後續任何策略都會是好的，即使發生衝突，孩子事後仍會參考父母的建議，再走出自己的路；但是，若沒有好的關係，往後做什麼都會視為故意，最後孩子不是極端順從就是極端叛逆。

「可是，我沒時間。下班後我只想安靜，孩子每次都來找我，講些不是重點的內容，又要我陪他玩，不可能一直這樣的。」對，我完全同意，在兩難的情況下，好似無能為力。

我的想法是，教養既然躲不掉，「不如主動先去做完它！」像是陪孩子上床這件事，大人都想等事情全部忙完再陪孩子睡到天亮，可兩人時間搭不上，結果孩子一直鬧或躺在床上一直等，雙方時間都被浪費又睡不好。後來我乾脆改變順序，晚上九點先陪睡，十一點再起床做自己的事，讓雙方都能順利地擁有自己的時間。

教養時，請把時間的第一順位排出來，每天跟孩子固定時間相聚：專注聽他說話、問他學校的事、一起好好吃飯、一起做功課和陪玩陪睡，讓親子關係有品質地經營，剩下的時間就都是自己的。真的忙翻天，睡前一起聊聊五分鐘也可以，都是親子關係的小小根基。

教養孩子就像是自己經歷第二次童年一樣，父母在心理補償過去未曾滿足的事，重新再成長一次，而當孩子長大與父母並駕齊驅時，又是不一樣的伙伴關係，換孩子帶領我們見識時代進步的視野。「時間」真是有趣的人生變項，尤其是親子關係，只要投入時間，就必有回報，與大家共勉。

教養：夠好，就好
心理師爸爸的冒險、陪伴與信念

作　　者：林仁廷
美術設計：洪祥閔
社　　長：洪美華
責任編輯：何　喬
出　　版：幸福綠光股份有限公司
地　　址：台北市杭州南路一段 63 號 9 樓
電　　話：(02)23925338
傳　　真：(02)23925380
網　　址：www.thirdnature.com.tw
E-mail：reader@thirdnature.com.tw
印　　製：中原造像股份有限公司
初　　版：2022 年 2 月
郵撥帳號：50130123 幸福綠光股份有限公司
定　　價：新台幣 380 元（平裝）

本書如有缺頁、破損、倒裝，請寄回更換。
ISBN 978-626-95078-7-0

總經銷：聯合發行股份有限公司
新北市新店區寶橋路 235 巷 6 弄 6 號 2 樓
電話：(02)29178022 傳真：(02)29156275

國家圖書館出版品預行編目資料

教養：夠好，就好：心理師爸爸的冒險、陪伴與信念／林仁廷著 -- 初版 . -- 臺北市 : 幸福綠光 , 2022.02
面；　公分

ISBN　978-626-95078-7-0 (平裝)

1. 親職教育 2. 子女教育 3. 心理學

528.2　　110019320